中国社会科学院文库
文学语言研究系列
The Selected Works of CASS
Literature and Linguistics

中国社会科学院创新工程学术出版资助项目

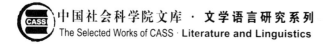

中国社会科学院文库 · **文学语言研究系列**
The Selected Works of CASS · **Literature and Linguistics**

安徽泾县查济方言

SURVEY OF ZHAJI DIALECT IN JING COUNTY IN ANHUI PROVINCE

刘祥柏 陈丽 著

中国社会科学出版社

图书在版编目（CIP）数据

安徽泾县查济方言／刘祥柏，陈丽著 . —北京：中国社会科学出版社，
2017.8

ISBN 978 - 7 - 5161 - 9009 - 8

Ⅰ. ①安…　Ⅱ. ①刘…②陈…　Ⅲ. ①吴语—方言研究—泾县　Ⅳ. ①H173

中国版本图书馆 CIP 数据核字（2016）第 237634 号

出 版 人	赵剑英
责任编辑	张　林
特约编辑	文一鸥
责任校对	张　虎
责任印制	戴　宽

出　　　版	中国社会科学出版社
社　　　址	北京鼓楼西大街甲 158 号
邮　　　编	100720
网　　　址	http://www.csspw.cn
发 行 部	010 - 84083685
门 市 部	010 - 84029450
经　　　销	新华书店及其他书店

印刷装订	北京君升印刷有限公司
版　　　次	2017 年 8 月第 1 版
印　　　次	2017 年 8 月第 1 次印刷

开　　　本	710×1000　1/16
印　　　张	10.25
插　　　页	2
字　　　数	168 千字
定　　　价	48.00 元

凡购买中国社会科学出版社图书，如有质量问题请与本社营销中心联系调换
电话：010 - 84083683

《中国社会科学院文库》出版说明

　　《中国社会科学院文库》（全称为《中国社会科学院重点研究课题成果文库》）是中国社会科学院组织出版的系列学术丛书。组织出版《中国社会科学院文库》，是我院进一步加强课题成果管理和学术成果出版的规范化、制度化建设的重要举措。

　　建院以来，我院广大科研人员坚持以马克思主义为指导，在中国特色社会主义理论和实践的双重探索中做出了重要贡献，在推进马克思主义理论创新、为建设中国特色社会主义提供智力支持和各学科基础建设方面，推出了大量的研究成果，其中每年完成的专著类成果就有三四百种之多。从现在起，我们经过一定的鉴定、结项、评审程序，逐年从中选出一批通过各类别课题研究工作而完成的具有较高学术水平和一定代表性的著作，编入《中国社会科学院文库》集中出版。我们希望这能够从一个侧面展示我院整体科研状况和学术成就，同时为优秀学术成果的面世创造更好的条件。

　　《中国社会科学院文库》分设马克思主义研究、文学语言研究、历史考古研究、哲学宗教研究、经济研究、法学社会学研究、国际问题研究七个系列，选收范围包括专著、研究报告集、学术资料、古籍整理、译著、工具书等。

中国社会科学院科研局

2006 年 11 月

目　　录

前　言

　　安徽境内的吴语主要指宣州吴语。分布在长江以南、黄山九华山以北、青弋江秋浦河流域，其区域相当于唐代宣州总管府所辖地区。包括黄山市黄山区旧太平县、石台、泾县、铜陵、繁昌、芜湖县、南陵，以及郎溪、广德、宁国、宣城、当涂、青阳、池州等14个县市区，多见于农村，其中黄山区、石台、泾县、铜陵、繁昌、芜湖县、南陵以通行吴语为主，其他市县吴语通行面积较小。安徽说吴语的总人口约300万。在《中国语言地图集》里，安徽吴语分别属于吴语宣州片和太湖片。另外，江苏西南端与安徽接壤的高淳县（今南京高淳区）和溧水县（今南京溧水区）的方言也属于宣州吴语。

　　宣州吴语也有人叫做"西部吴语"。从地域上看，宣州吴语东与江浙吴语相邻，西和北与江淮官话相连，南与徽语毗邻，与这些方言之间关系密切，表现出比较复杂的面貌。比如说，宣州吴语古全浊声母的演变就非常复杂，与周边方言大不相同。目前关于宣州吴语全面深入的材料非常少，因此有必要对宣州吴语进行深入系统的单点调查，出版一批比较系统的单点方言调查报告。

　　本书是2010年中国社会科学院重点课题"安徽吴语调查研究"的最终成果之一。该课题共调查记录了四个地点的宣州吴语，由课题组四位成员分别完成。这四个方言点是：安徽宣城（雁翅）（沈明调查）、安徽芜湖（六郎）（陈丽、刘祥柏调查）、安徽泾县（查济）（刘祥柏、陈丽调查）和江苏高淳（古柏）（谢留文调查）。调查内容包括语音系统，4000条左右的词汇、100个语法例句以及长篇标音语料多项。所有材料均为多次实地调查所得。

　　中国社会科学院语言研究所对本课题从立项到最后出版都给予了大力支持，中国社会科学院为本课题的最终成果提供了出版资助，在此表示衷心的感谢！

"安徽吴语调查研究"课题组

2015年10月15日

第一章　安徽泾县查济方言语音系统

一　概说

泾县位于安徽省东南部，宣城市境西部。东与宣州区、宁国市接壤；南与黄山市黄山区、旌德县毗连；西与池州青阳县交界；北与芜湖南陵县为邻。处长江南岸平原与皖南山区交接地带，"枕徽襟池，缘江带河"。总面积2059平方公里，户籍总人口35万人（2007年底）。全县辖9个镇、2个乡：泾川镇、桃花潭镇、茂林镇、榔桥镇、丁家桥镇、蔡村镇、琴溪镇、云岭镇、黄村镇、汀溪乡、昌桥乡。县政府驻泾川镇。

泾县置县于秦王政二十四年（前223年）。自古素有"汉家旧县，江左名邦""山川清淑，秀甲江南"之誉，古志称"当吴越之交会，为歙池之襟喉"。据《后汉书·明帝纪》，泾县"有泾水，出芜湖，因水立名"。地处皖南山区北部，境内山多地少。黄山余脉绵亘县境东南，九华山支脉逶迤西北，青弋江自西南向东北流经县境。1949年泾县属宣城地区，1952年属芜湖专区，1980年复属宣城地区，现属宣城市。

查济坐落于泾县厚岸乡（现已合并到桃花潭镇），村庄方圆20余平方公里，始建于隋初，兴于宋元，鼎盛于明清，废毁于晚清及近代，至今已有1380余年的历史。鉴于村庄现存明清古建筑较多，且废墟绵延，国家文物部门于2001年将其列为第五批全国重点文物保护单位。

查济古称查村，新中国成立后，建乡分村，老查村分为查村、济阳、富春三村。许溪以南为济阳村，以北为查村，前邻石溪的为富春村。因过去村中皆为查姓，查姓郡望为济阳世家，后溪上有富春桥，是谓三村之名。现三村已经合并，取两村首字为村名。

根据《中国语言地图集》（1987），泾县方言属于吴语宣州片铜泾小片。泾县方言内部，又区分为泾县话、榔桥话、茂林话、桃花潭话等。本书记录的是泾县桃花潭镇查济村方言。发音合作人有三位：疏意有，1945年出生，查日东，1941年出生，查式源，1940年出生，三人均为泾县桃花潭镇查济村生人。调查时间：2012 年 11 月 3 日—11 月 15 日，2013 年8 月 15 日—8 月 20 日，2013 年 10 月 18 日—10 月 24 日。

二　安徽泾县查济方言声韵调

（一）声母（20 个）

p	布並	p‘	飘铺步白	m	马米望	f	方房夫虎	v	威微黄雨
t	刀稻低肚	t‘	拖大天电					l	怒路连
ts	组阻主猪	ts‘	粗锄柱			s	梭沙舍坐		
tɕ	挤几皱周	tɕ‘	妻其脆直	ȵ	惹言年	ɕ	西希水厚		
k	刚家骨军	k‘	苦去拳跪	ŋ	牙我岳	x	火和下		
∅	恩窝丫夜								

说明：

① ［v］声母摩擦较轻，接近半元音。

② ［k k‘］声母拼［i］韵母时，有腭化倾向。

（二）韵母（40 个）

ɿ	紫制支	i	米爷雨岁贵非	u	补午	y	吕斗右厚
a	买太解歪	ia	姐也	ua	怪块		
ɛ	二安扇半川横			uɛ	官宽		
ɵ	保敲欧	iɵ	苗交要				
ə	钢讲王	iə	良厂羊	uə	光矿		
o	波多窝						
ɔ	下舍佳话	iɔ	夜写	uɔ	瓜挂		
ei	改爱灰渠雷堆						
ã	万雁难	iã	千店现圆	uã	关惯		
ən	恩问成崩	in	心笋应晕	uən	昆		
oŋ	朋东五	ioŋ	穷容永				
		iʔ	立翼植	uʔ	木朴骨国		
aʔ	答乏瞎袜	iaʔ	接血	uaʔ	括		

ɣʔ 北百色伏屋

oʔ 属目　　　　　　　　ioʔ 肉浴

ɔʔ 角落学没缩　　　　　iɔʔ 约脚　　　　　　uɔʔ 或

m̩ 模母

n̩ 女鱼儿尾泥

说明：

① ［i］有摩擦成分，拼唇音声母时摩擦成分更明显，有时成为舌尖前元音［ɿ］。

② ［u］有摩擦成分，逢零声母有时成为［vu］音。［y］逢零声母有时成为［zy］音。

③ ［aʔ iaʔ uaʔ］韵主元音略高，接近［ɐ］。

④ ［o］韵舌位略高，介于［u］与［o］之间。

⑤ ［ən in uən］的鼻韵尾略微靠后。

（三）声调（7 个）

阴平［˨˩］21 高　　　　　阳平［˨˥］25 扶

上声［˦˨˦］424 手

阴去［˦˦］44 盖　　　　　阳去［˥˥］55 厚

阴入［˦］4 急　　　　　　阳入［˥］5 药

说明：

①阴去调略有上扬，实际音值为［˦˥］45 调。

②阳去调为［˥˥］55，有时尾部略降。

（四）连读变调

1. 两字组连读变调

①阴平［˨˩］21 在阴平［˨˩］21 前变为［˨˥］25。

②阳平［˨˥］25 在阳平［˨˥］25、阴入［˦］4、阳入［˥］5 前变为［˨˩］21；在阴去［˦˦］44、阳去［˥˥］55 前变为［˥˥］55。

③A 类：上声［˦˨˦］424 在阴平［˨˩］21、阳平［˨˥］25、阴去［˦˦］44、阳去［˥˥］55、阴入［˦］4 前变为［˦˨］42。

　B 类：上声［˦˨˦］424 在阴平［˨˩］21、上声［˦˨˦］424、阴入［˦］4 前变为［˥˥］55。

　C 类：上声［˦˨˦］424 在阴平［˨˩］21、上声［˦˨˦］424 前变为［˨˥］25。

④阳去［˥˥］55 在阴平［˨˩］21、阴入［˦］4 前变为［˨˥］25。

表 1　两字组连读变调

前字 ＼ 后字	阴平 21	阳平 25	上声 424	阴去 44	阳去 55	阴入 4	阳入 5
阴平 21	25+21	——	——	——	——	——	——
阳平 25	——	21+25	——	55+44	55+55	21+4	21+5
上声 424	42+21	42+25	——	42+44	42+55	42+4	
	55+21	——	55+424	——	——	55+4	
	25+21	——	25+424	——	——		
阴去 44	——	——	——	——	——	——	——
阳去 55	25+21	——	——	——	——	25+4	——
阴入 4	——	——	——	——	——	——	——
阳入 5	——	——	——	——	——	——	——

＊　"——"表示不变调或有极个别例子。

2. 轻声连读变调

①阳平[ㄏ]25 在阴平[˩]21、阳平[ㄏ]25、上声[ㄩ]424、阴去[ㄏ]44、阳去[ㄏ]55 前变为[ㄥ]21。

②A 类：上声[ㄩ]424 在阳平[ㄏ]25、上声[ㄩ]424、阴去[ㄏ]44 前变为[ㄏ]42。

B 类：上声[ㄩ]424 在阴平[˩]21、阳平[ㄏ]25、上声[ㄩ]424、阴去[ㄏ]44、阳去[ㄏ]55、阴入[ㄏ]4 前变为[ㄏ]55。

C 类：上声[ㄩ]424 在阴平[˩]21、上声[ㄩ]424 前变为[ㄪ]25。

③阴去[ㄏ]44 在阴平[˩]21、阳平[ㄏ]25、上声[ㄩ]424、阴去[ㄏ]44 前变为[ㄥ]11。

④A 类：阳去[ㄏ]55 在阴平[˩]21、阳平[ㄏ]25、上声[ㄩ]424、阳去[ㄏ]55 前变为[ㄪ]25。

B 类：阳去[ㄏ]55 在阴平[˩]21、阳平[ㄏ]25、上声[ㄩ]424 前变为[ㄥ]21。

三字组及多字组连读变调情况未做系统全面的调查和归纳，后文词汇、语法例句及语料标音部分将根据语流中的实际声调随文标记。

表 2　轻声连读变调

前字＼后字	阴平 21	阳平 25	上声 424	阴去 44	阳去 55	阴入 4	阳入 5
阴平 21	——	——	——	——	——	——	——
阳平 25	21+0	21+0	21+0	21+0	21+0	——	——
上声 424	——	42+0	42+0	42+0			
	55+0	55+0	55+0	55+0	55+0	55+0	
	25+0	——	25+0				
阴去 44	11+0	11+0	11+0	11+0			
阳去 55	25+0	25+0	25+0	——	25+0		
	21+0	21+0	21+0				
阴入 4							
阳入 5							

*　“——”表示不变调或有极个别例子。后字轻声用 0 表示。

表 3　两字组连读变调举例（仅限于变调词例，不发生变调的不再举例）

变调模式	举例
阴平+阴平 21+21→25+21	山沟 sã˩ ky˩　　烧香 çiɵ˩ çei˩ 香菇 çiɵ˩ ku˩　　偏心 p'iã˩ çin˩
阳平+阳平 25+25→21+25	城门 ts'ən˥ mən˥　　闫王 iã˥ vɔ˥ 芦柴 lu˥ za˥ 芦苇　　研槽 ȵiã˥ sɵ˥ 研船
阳平+阴去 25+44→55+44	河坝 xo˥ pɔ˥　　鱼刺 n˥ ts'ʅ˥ 回拜 vei˥ pa˥　　难看 lã˥ k'ɜ˥
阳平+阳去 25+55→55+55	城外 ts'ən˥ ŋei˥　　粮站 liɵ˥ ts'ã˥ 熬夜 ŋɵ˥ ɿ˥　　承认 ts'ən˥ ȵin˥
阳平+阴入 25+4→21+4	羊角 iɵ˥ kɔʔ˦　　萝卜 lo˥ p'oʔ˦ 头发 t'y˥ faʔ˦　　排骨 p'a˥ kuʔ˦
阳平+阳入 25+5→21+5	农历 loŋ˥ liʔ˥　　荞麦 tç'iɵ˥ mɤʔ˥ 茶叶 ts'ɔ˥ iaʔ˥　　痰沫 t'ã˥ mɤʔ˥ 唾沫
上声 + 阴平	424+21→42+21	水车 çi˦˨ ts'ɔ˩　　草堆 ts'ɵ˦˨ tei˩ 顶风 tin˦˨ foŋ˩　　整天 tsən˦˨ t'iã˩
	424+21→55+21	火车 xo˥ ts'ɔ˩　　左边 tso˥ piã˩ 饮汤 in˥ t'ɔ˩ 米汤　　浅灰 tç'iã˥ fei˩
	424+21→25+21	土坯 t'u˩ p'ei˩　　粉丝 fən˩ sʅ˩ 点灯 tiã˩ tən˩　　娶亲 tç'i˩ tç'in˩
上声+阳平 424+25→42+25	早霞 tsɵ˦˨ xɔ˥　　小寒 çiɵ˦˨ xɜ˥ 火柴 xo˦˨ sa˥　　起床 tç'i˦˨ sɵ˥

续表3

变调模式		举例	
上声+上声	424+424→55+424	水井 ɕi˩ tɕin˩	手表 ɕy˩ pie˩
		火桶 xo˩ t'oŋ˩	小暑 ɕie˩ ts'u˩
	424+424→25+424	考场 k'ə˩ tɕ'ia˩	速捕 tɛ˩ p'u˩
		拷打 k'ə˩ ta˩	炒馃 ts'ə˩ ko˩
上声+阴去 424+44→42+44		手套 ɕy˩ t'ə˥	小贩 ɕie˩ fã˥
		考卷 k'ə˩ kiã˥	打架 ta˩ ko˥
上声+阳去 424+55→42+55		草帽 ts'ə˩ məɯ˥	小雨 ɕie˩ vi˥
		整夜 tsən˩ iɔ˥	砍树 k'ã˩ su˥
上声+阴入	424+4→42+4	苦竹 k'u˩ tsoʔ˦	卷尺 kiã˩ ts'ɤʔ˦
		纸扎 tsɿ˩ tsaʔ˦	保释 pə˩ sɤʔ˦
	424+4→55+4	请帖 tɕ'in˩ t'iaʔ˦	小雪 ɕie˩ ɕiaʔ˦
		警察 tɕin˩ ts'aʔ˦	胯骨 k'uɔ˩ kuʔ˦
阳去+阴平 55+21→25+21		项圈 xə˥ k'iã˩	右边 y˥ piã˩
		地方 t'i˥ fə˩	每天 mei˥ t'iã˩
阳去+阴入 55+4→25+4		大雪 t'a˥ ɕiaʔ˦	女客 n̩˥ k'ɤʔ˦
		利息 li˥ ɕiʔ˦	淡竹 t'ã˥ tsoʔ˦

表4　轻声连读变调举例（仅限于变调词例，不发生变调的不再举例）

变调模式		举例	
阳平+阴平 25+21→21+0		台风 t'ei˥ ·foŋ	镰刀 liã˥ ·tə
		棉花 miã˥ ·fɔ	楼梯 ly˥ ·t'i
阳平+阳平 25+25→21+0		茶油 ts'ɔ˥ ·y	门牙 mən˥ ·ŋɿ
		粮食 liã˥ ·zɤʔ	红糖 xoŋ˥ ·lə
阳平+上声 25+424→21+0		凉水 liã˥ ·ɕi	朋友 p'oŋ˥ ·y
		毛笋 məɯ˥ ·ɕin	猴子 ɕy˥ ·tsɿ
阳平+阴去 25+44→21+0		油菜 y˥ ·ts'ei	芦稷 lu˥ ·tɕi
		麻将 mɔ˥ ·tɕiə	连凳 liã˥ ·tən 板凳
阳平+阳去 25+55→21+0		连累 liã˥ ·lei	肥皂 vi˥ ·tsu
		杨树 iə˥ ·zu	强盗 tɕ'iə˥ ·lə
上声+阴平	424+21→55+0	小风 ɕie˩ ·foŋ	点心 tiã˩ ·ɕin
		表兄 pie˩ ·ɕioŋ	手巾 ɕy˩ ·tɕin
	424+21→25+0	草刀 ts'ə˩ ·tə	酒杯 tɕy˩ ·pei
		纺车 fə˩ ·ts'ɔ	喜期 ɕi˩ ·tɕ'i

续表4

变调模式		举　例			
上声+阳平	424+25→42+0	鳊鱼 piã ·n̩		小牛 ɕiɵ ·ŋy	
		板油 pã ·y		奶娘 la ·ŋiɵ	
	424+25→55+0	草鱼 tsʻɵ ·n̩		板牙 pã ·ŋɔ	
		碗橱 vã ·zu		澡盆 tsɵ ·vən	
上声+上声	424+424→42+0	老鼠 lɵ ·tsʻu		表姐 piɵ ·tɕia	
		小腿 ɕiɵ ·tʻei		海碗 xei ·vɜ 大碗	
	424+424→55+0	躺椅 tʻɵ ·i		水桶 ɕi ·tʻoŋ	
		口水 kʻi ·ɕi		小产 ɕiɵ ·tsʻã	
	424+424→25+0	小楷 ɕiɵ ·kʻa		老虎 lɵ ·fu	
		草稿 tsʻɵ ·kɵ		洗澡 ɕi ·tsɵ	
上声+阴去	424+44→42+0	韭菜 tɕy ·tsʻei		小气 ɕiɵ ·tɕʻi	
		口臭 kʻy ·tɕʻy		假秤 kɔ ·tɕʻin	
	424+44→55+0	扁担 piã ·tã		伙计 xo ·tɕi	
		口供 kʻy ·koŋ		火炮 xo ·pʻɵ	
上声+阳去 424+55→55+0		水痘 ɕi ·ty		姊妹 tsʐ ·mei	
		扁豆 piã ·ly		早稻 tsɵ ·lɵ	
上声+阴入 424+4→55+0		火擦 xo ·tsʻaʔ 火铲		拐尺 kua ·tsʻɤʔ	
		首饰 ɕy ·sɤʔ		粉笔 fən ·piʔ	
阴去+阴平 44+21→11+0		桂花 ki ·fɔ		衬衫 tsʻən ·sã	
		货车 xo ·tsʻɔ		气灯 tɕʻi ·tən	
阴去+阳平 44+25→11+0		汽油 tɕʻi ·y		带鱼 ta ·n̩	
		账房 tɕiɵ ·vɵ		臭虫 tɕʻy ·zoŋ	
阴去+上声 44+424→11+0		靠椅 kʻɵ ·i		跳板 tʻiɵ ·pã	
		戒指 ka ·tsʐ		裤子 kʻu ·tsʐ	
阴去+阴去 44+44→11+0		布店 pu ·tiã		磅秤 pɵ ·tɕʻin	
		芥菜 ka ·tsʻei		汽罐 tɕʻi ·kuɛ 水壶	
阳去+阴平	55+21→25+0	面筋 miã ·tɕin		大衣 tʻa ·i	
		外边 ŋei ·piã		寿星 ɕy ·ɕin	
	55+21→21+0	野鸡 iɵ ·tɕi		下巴 xɔ ·pɔ	
		老生 lɵ ·sən		后朝 ɕy ·tɕiɵ 后天	
阳去+阳平	55+25→25+0	户栏 fu ·lã 门坎		外人 ŋei ·n̩in	
		面盆 miã ·vən 脸盆		渡船 tʻu ·zɜ	
	55+25→21+0	太阳 tʻa ·iɵ		丈人 tɕiɵ ·n̩in	
		瓦壶 ŋ ·u		后头 ɕy ·ly	

续表 4

变调模式		举　例	
阳去+上声	55+424→25+0	露水 luˀ˥˩ ·çi	柿饼 sˀʅ˥˩ ·pin
		舅母 tɕʲyˀ˥˩ ·m̩	藕粉 ŋyˀ˥˩ ·fən
	55+424→21+0	眼屎 ŋãˀ˥˩ ·sʅ	大腿 tʰaˀ˥˩ ·tʰei
		淡笋 tʰãˀ˥˩ ·çin	辫子 pʰiãˀ˥˩ ·tsʅ
阳去+阳去 55+55→25+0		礼帽 liˀ˥˩ ·mɵ	舅舅 tɕʲyˀ˥˩ ·tɕʲy
		楝树 liãˀ˥˩ ·zu	垫被 tʰiãˀ˥˩ ·vi 褥子

（五）全浊声母字

中古全浊声母字单用、作前字或是作非轻声词的后字，在查济方言中今读清声母，逢塞音塞擦音时多读送气音声母。

古全浊声母字如果处于后字位置，而且处于轻声的位置，则声母读弱化声母，多为零声母、半元音、边音类声母，显示出中古全浊声母字的读音特殊性，可以看做古全浊声母的一种遗留形式。列举如下：

并母读 v 声母：

表 5

单字音	全浊字例词	对比词
皮 pʰiˊ	蜇皮 tsɤˀʅˊ ·vi 海蜇	皮帽 pʰiˊ ·mɵ
		橡皮 çiɵˋ pʰiˊ
被 pʰiˉ	垫被 tʰiãˀˋ ·vi 褥子	被单 pʰiˉ tãˉ 床单
牌 pʰaˊ	招牌 tɕiɵˋ ·va	牌九 pʰaˊ ·tɕy
		水牌 çiˇ pʰaˊ
盘 pʰɛˊ	月盘 ŋiaˀʅˊ ɜvɛ 中型竹匾	盘点 pʰɛˊ tiãˇ
	算盘 sɛˀˎ ɜvɛ	秤盘 tɕʰinˌ pʰɛˊ
盆 pʰənˊ	面盆 miãˀˋ ·vən 脸盆	火盆 xoˇ pʰənˊ
	面盆架 miãˀˋ ·vən kɔˋ 脸盆架	
	澡盆 tsɵˋ ·vən	
	脚盆 tɕiɔˀˎ ·vən	
平 pʰinˊ	太平 tʰaˀˋ ·vin	平原 pʰinˊ ŋiãˊ
		天平 tʰiãˊ pʰinˊ
病 pʰinˉ	痨病 lɵˀˋ ·vin 中医指结核病	看病 kʰãˉ pʰinˉ
		病字旁 pʰinˉ ·ʅ pʰɤˊ

奉母读 v 或 ∅ 声母，读 v 声母例如：

表 6-1

单字音	全浊字例词		对比词
坊	油坊 yʌ˨ ·və		
房 fəʌ	厢房 ɕiəʜ ·və	厨房 tsʰuʌ ·və	房顶 fəʌ tinʜ
	磨房 moʜ ·və	账房 tɕiəʜ ·və	洋房 iəʌ fəʌ

读 ∅ 声母例如：

表 6-2

单字音	全浊字例词	
腐 fuʜ	豆腐 tʰyʌ ·u	豆腐脑子 tʰyʌ ·u ləʜ ·tsʅ 豆腐脑儿
	豆腐皮 tʰyʌ ·u ·pʰi	干豆腐 kɜ˩ ·tʰy ·u 豆腐干儿
	豆腐泡 tʰyʌ ·u pʰəʜ	臭豆腐 tɕʰyʌ ·ly ·u 豆腐乳
妇 fuˀ	寡妇 kuoʜ ·u	做产妇 tsoʜ sãˀ ·u 坐月子
	老妇 ləʜ ·u 妻	小老妇 ɕiəʜ ləʜ ·u 小老婆
	弟新妇 tʰiʌ ɕinʜ ·u	弟媳妇 tʰiʌ ɕiʔ ·u 弟媳

定母读 l 声母：

表 7

单字音	全浊字例词		对比词
桃 tʰəʌ	核桃 xɤʔ ·lə		桃的 tʰəʌ ·tɤʔ 桃子
			棉花桃 miãʌ ·fɕ tʰəʌ
稻 tʰəˀ	糯稻 loʌ ·lə	籼稻 ɕiã˩ ·lə	稻仓 tʰəʌ tsʰɜˀ
	粳稻 kənʜ ·lə	早稻 tsoʜ ·lə	割稻 kɤʔ tʰəˀ
	中稻 tsoŋ˩ ·lə	晚稻 vãˀ ·lə	
道 tʰəˀ	味道 viʌ ·lə		道士 tʰəʜ ·ʐʅ
			街道 ka˩ tʰəˀ
盗 tʰəˀ	强盗 tɕiəʌ ·lə		
条 tʰiəʌ	青石条 tɕʰin˩ ·ʐɤʔ ·lie		条桌 tʰieʌ tsʔ
	麻石条 moʌ ·ʐɤʔ ·lie		面条 miãˀ tʰieʌ
	桁条 xəʌ ·lie 檩		
头 tʰyʌ	日头 ȵiʔ ·ly	石头 sɤʔ ·ly	头顶 tʰyʌ tinʜ
	枕头 tsənʜ ·ly	拳头 kʰiãʌ ·ly	梳头 su˩ tʰyʌ
	前头 ɕiãʌ ·ly	后头 çyʜ ·ly	
	高头 kəʜ ·ly	玩头 vãʌ ·ly	

单字音	全浊字例词	对比词
头 t'yꜛ	想头 ɕiə˩˩ꜜ ·ly　　干头 kɜ˥ꜛ ·ly 骨头 kuʔˍ˩ꜜ ·ly　　奔头 pən˩ꜜ ·ly 苦头 k'u˥˩ꜜ ·ly　　甜头 t'iã˥ꜛ ·ly 犁头 li˩ꜛ ·ly 犁尖 锄头 su˥ꜜ ·ly 牛轭头 ŋyꜛ aʔˍ˩ ·ly 脚趾头 tɕiʔˍ˩ tsɤʔˍ ·ly 胜骨头 sən˥ kuʔˍ˩ ·ly 猫头鹰 镯头 soʔˍ˩ ·ly 镯子 茶头 ts'ɔꜛ˩ꜜ ·ly 茶点 翻跟头 fã˩ꜜ kən˩ ·ly 两头蛇 liə˩ꜜ ·ly sɔ˩ 大石头 t'o˩ꜜ ɤʔˍ˩ꜜ ·ly 小石头 ɕiə˥ꜜ ɤʔˍ˩ꜜ ·ly 木头鞋 moʔˍ˩ ·ly ·xa 木屐 木头戏 moʔˍ˩ ·ly ·ɕi 木偶戏 洋芋头 iə˥ꜛ vi˩ꜜ ·ly 马铃薯 香芋头 ɕiə˩ꜜ vi˥ꜜ ·ly 芋头 红心芋头 xoŋ˩ꜛ ɕin˥ꜜ vi˩ꜜ ·ly 狗芋头 ky˥ꜜ vi˥ꜜ ·ly 毛芋头 mə˩ꜜ vi˥ꜛ ·ly 胖头 p'ɔꜛ˩ꜜ ·ly 胖头鱼 枕头衣 tsən˥ꜜ ·ly i˩ 枕套儿 枕头胆 tsən˥ꜜ ·ly tã˥ 枕头心儿 梳头台 su˩ ·ly t'ei˩ 梳妆台 头额头 t'yꜛ ŋɤʔˍ˩ꜜ ·ly 额 皱额头 tɕy˥ ŋɤʔˍ˩ꜜ ·ly 皱眉头 鹅包额头 ŋoꜛ pə˩ꜜ ŋɤʔˍ˩ꜜ ·ly 坎头发 k'ɛ˥ꜜ ·ly ·faʔ 刘海儿 膝头波波 ɕiʔˍ˩ ·ly pɔ˩ꜜ ·pɔ 膝盖 胸门前头 ɕioŋ˩ ·mən ɕiã˩ꜜ ·ly 胸脯 直骨头 tɕ'iʔˍ˩ kuʔˍ˩ ·ly 胫骨 翻骨头虫 fã˩ꜜ kuʔˍ˩ ·ly ts'oŋ˩ 孑孓 土骨头蛇 t'u˥˩ꜜ kuʔˍ˩ ·ly sɔ˩ 蝮蛇	

续表7

单字音	全浊字例词	对比词
头 t'ɣ˧	打八折头 ta˥˧ pa˧ tsʔ˧ ·ly 打车轮子 　（连续翻好几个跟头） 门后头 mən˧ ɕy˧˩ ·ly 门扇的后面 窗子外头 tsʰə˩ ·tsʅ ŋei˩ ·ly 吃头 tɕi˧ ·ly 这个菜没~ 喝头 xɔʔ˧ ·ly 那个酒没~ 看头 kʰɜ˧˩ ·ly 这出戏有个~	
豆 t'ɣ˩	黄豆 və˧˥ ·ly　　绿豆 lo˧ ·ly 黑豆 xɣ˧ ·ly　　红豆 xoŋ˧˥ ·ly 豌豆 vã˩ ·ly 角豆 kɔʔ˧ ·ly 豇豆 扁豆 piã˥˧ ·ly 蚕豆 tsʰɛ˧˩ ·ly 臭豆腐 tɕʰy˧˩ ·ly ·u 豆腐乳	豆浆 t'ɣ˩ tɕiə˩
垫 t'iã˩	簟垫 t'ã˧˩ ·liã 晒粮用大竹席	垫被 t'iã˥˧ ·vi
堂 t'ə˧	孝堂 xɵ˩˧ ·lə 祠堂 sʅ˧˩ ·lə	堂兄 t'ə˧˥ ·ɕioŋ 拜堂 pʰɜ˧ t'ə˧
糖 t'ə˧	红糖 xoŋ˧˥ ·lə　　白糖 pʰɣ˧ ·lə 冰糖 pin˩ ·lə　　蜜糖 mi˧ ·lə 蜂蜜	花生糖 fɔ˩ ·sən ·tə

从母读 z 或 Ø 声母，其中读 z 声母的例如：

表8-1

单字音	全浊字例词	对比词
材 sei˧	棺材 kuɜ˩ ·zɛ 进棺材 tɕin˩ kuɜ˩ ·zɛ 入殓	身材 sən˩ sei˧
字 sʅ˩	大字本 t'a˩ ·zʅ pən˥˧ 竹字头 tsɔʔ˧ ·zʅ t'ɣ˧ 竹字头（竹） 口字框 kʰy˥˧ ·zʅ kʰeu˩ 四框栏儿（口） 王字旁 və˧˥ ·zʅ pʰə˧ 斜玉儿（玉） 草字头 tsʰə˧˥ ·zʅ t'ɣ˧ 草字头（艹） 病字旁 pʰin˩ ·zʅ pʰə˧ 病字旁（疒） 走字旁 tsu˥ ·zʅ pʰə˧ 走字旁（辶） 火字旁 xo˥˧ ·zʅ pʰə˧	字号 sʅ˩ xɵ˧ 测字 tsʰɣ˧ sʅ˩

读 Ø 声母的例如：

表 8-2

单字音	全浊字例词	对比词
钱 ɕiã↗	工钱 koŋ↘ ·iã 本钱 pən↖ ·iã 二钱 ɛʒ↗ ·iã 絮钱 ɕi↗ ·iã 纸钱 铜钱 t'oŋ↗ ·iã 铜板儿 洋钱 iə↗ ·iã 银元	钱包 ɕiã↗ ·pə ／ɕiã↗ ·pə 赚钱 ts'ã↗ ɕiã↗
前 ɕiã↗	堂前 t'ə↗ ·iã 客厅	前年 ɕiã↗ ·n̠iã 以前 i↗ ɕiã↗
匠 ɕiə↘	木匠 mo↘ ·iə　　砖匠 tsɜ↘ ·iə 瓦匠 锡匠 ɕi↘ ·iə　　铜匠 t'oŋ↗ ·iə 铁匠 t'ia↘ ·iə　　针匠 tsən↘ ·iə 扎匠 tsa↘ ·iə 做纸扎的	
净 ɕin↘	干净 kɛ↘ ·in	一干二净 i↘ kɜ↘ kɛ↘ ɕin↘

邪母读 Ø 声母：

表 9

单字音	全浊字例词	对比词
席 ɕiaʔ↘	首席 ɕy↖ ·iaʔ 酒席中最重要的位置	入席 n̠iʔ↘ ɕiʔ↘

澄母读 z 或 Ø 声母，其中读 z 声母的例如：

表 10-1

单字音	全浊字例词	对比词
橱 ts'u↗	碗橱 vã↖ ·zu	大衣橱 t'a↖ i↘ ts'u↗
虫 ts'oŋ↗	毛虫 mə↗ ·zoŋ 米虫 mi↘ ·zoŋ 米里的米色虫 蚜虫 ŋɔ↗ ·zoŋ 臭虫 tɕ'y↘ ·zoŋ 蝗虫 və↗ ·zoŋ	虫牙 ts'oŋ↗ ·ŋ 萤火虫 in↗ xo↖ ts'oŋ↗

读 Ø 声母的例如：

表 10-2

单字音	全浊字例词	对比词
槌 tɕ'iˈ	榔槌 ləˈ ·i 铁榔槌 t'iaʔ t'əˈ ·i 钉锤	
肠 tɕ'iəˈ	大肠 t'aˈ ·iə 小肠 ɕieˈ ·iə 小肠气 ɕieʔ ·iə tɕ'iˈ 疝气	肠子 tɕ'iəˈ ·tsʅ 盲肠 məˈ tɕ'iəˈ
丈 tɕ'iəˈ	二丈 ˈiˈ ·iə	丈人 tɕ'iəˈ ·n̠in
着 tʂ'iʔ 着	渠坐着椅子上 xeiˈ soˈ ·ɔ iˈ ·tsʅ əˈ 他坐在椅子上	困着了 k'uanˈ tʂ'iʔ ·ɔ 睡着了

崇母读 z 声母：

表 11

单字音	全浊字例词	对比词
士 sʅˈ	道士 t'θˈ ·zʅ	落士 lɔʔ sʅˈ 士走下来（下棋用语）
锄 suˈ	薅锄 xɛˈ ·zu 锄草用 板锄 pãˈ ·zu 挖地、铲埂用 挖锄 vaʔˈ ·zu 挖硬地用	锄头 suˈ ·ly
柴 saˈ	芦柴 luˈ zaˈ 芦苇	柴堆 saˈ teiˈ 火柴 xoˈ saˈ

船母读 z 或 Ø 声母，其中读 z 声母的例如：

表 12-1

单字音	全浊字例词	对比词
蛇 soˈ	蟒蛇 məˈ ·zo 水蛇腰 ɕiˈ ·zo leiˈ iə	眼镜蛇 ŋãˈ ·tɕin soˈ
船 sɛˈ	渡船 t'uˈ ·zɿ 帆船 fãˈ ·zɿ 轮船 lənˈ ·zɿ 渔船 nˈ ·zɿ 砚船 n̠iãˈ ·zɿ 砚台	船夫 sɛˈ ·fu 艄工 晕船 inˈ sɛˈ
神 sənˈ	财神 seiˈ ·zən 精神 tɕinˈ ·zənˈ	留神 lyˈ sənˈ
示 sʅˈ	告示 kɵˈ ·zʅ	表示 pieˈ sʅˈ
食 ɕiʔ	粮食 lieˈ ·zɤʔ	食物 ɕiʔ vɤʔ 零食 linˈ ɕiʔ

读 Ø 声母的例如：

表 12-2

单字音	全浊字例词	对比词
食 ɕiʔ˥	猪食槽 tsu˩ ·iʔ tsˈɵ˥ 猪食盆 tsu˩ ·iʔ pˈən˥ 猪食缸 tsu˩ ·iʔ kə˩ 泔水缸	

禅母读 l 或 z 声母，其中读 l 声母的例如：

表 13-1

单字音	全浊字例词	对比词
尚 sə˥	和尚 xo˥ ·lə	
上 sə˥	地上 ti˩˩ ·lə　　天上 tˈiã˩ ·lə 山上 sã˩ ·lə　　路上 lu˩˩ ·lə 街上 ka˩ ·lə　　墙上 ɕiə˥ ·lə 门上 mən˥ ·lə　　边上 piã˩ ·lə 车上 tsˈɔ˩ ·lə　　底上 ti˩ ·lə 三十晏上 sã˩ ʂɤʔ˧ ɛ˥ ·lə 年三十晚上 晏上 ɛ˥ ·lə 夜晚 台子上 tˈei˥ ·tsɿ ·lə 桌上 椅子上 i˩ ·tsɿ ·lə 路边上 lu˩ piã˩ ·lə 马上 mɔ˩˩ ·lə 谱高上 pˈu˩ kə˩ ·lə 家谱上 实际上 sɤʔ˥ tɕi˥ ·lə	上旬 sə˥ ɕin˥ 七上八下 tɕˈiʔ˥ sə˥ paʔ˥ xɔ˥

读 z 声母的例如：

表 13-2

单字音	全浊字例词	对比词
匙 tsɿ˥	钥匙 iɔ˥ ·zu	汤匙 tˈə˩ tsɿ˥
氏 sɿ˥	查氏 tsɔ˩ ·zɿ	
树 su˥	松树 ɕioŋ˩ ·zu　　桑树 sə˩ ·zu 杨树 iə˥ ·zu　　柳树 ly˩ ·zu 楝树 liã˩ ·zu　　棕树 tsoŋ˩ ·zu	树苗 su˩ miɵ˥ 栽树 tsei˩ su˩ 种树
鳝	黄鳝 və˥ ·ʑɤ 鳝鱼	

单字音	全浊字例词	对比词
裳 sə˨	衣裳 i˩ ˩ʮ ·ʮə　　　穿衣裳 tsʼɛ˨ʯ i˩ ˩ʮ ·ʮə 脱衣裳 tʼɤʔ˧ i˩ ˩ʮ ·ʮə　量衣裳 liə˨ i˩ ˩ʮ ·ʮə 做衣裳 tsoˉ i˩ ˩ʮ ·ʮə　洗衣裳 ɕi˨ʮ i˩ ˩ʮ ·ʮə 晒衣裳 sa˥ i˩ ˩ʮ ·ʮə　晾衣裳 lə˨ʯ i˩ ˩ʮ ·ʮə 浆衣裳 tɕiə˩ʯ i˩ ˩ʮ ·ʮə　熨衣裳 in˨ʮ i˩ ˩ʮ ·ʮə	
辰 sən˨	良辰吉日 liə˨ i zən˨ tɕiʔ˩ ɲiʔ˩ 时辰 sʅ˨ʮ ·nən	
城 tsʼən˨	宣城 ɕiə˩ʯ ·zən	城墙 tsʼən˨ ɕiə˨ 泾县城 tɕin˩ʯ ·iə tsʼən˨
十 sɤʔ˩	二十 ɛ˨ʯ ·ɤʔ 二十一 ɛ˨ʯ ·ɤʔ iʔ˩ 三十 sã˩ʯ ·ɤʔ 三十一 sã˩ʯ ·ɤʔ iʔ˩ 四十 sʅ˨ʯ ·ɤʔ 四十一 sʅ˨ʯ ·ɤʔ iʔ˩ 五十 oŋ˨ʮ ·ɤʔ 五十一 oŋ˨ʮ ·ɤʔ iʔ˩ 六十 loʔ˩ ·ɤʔ 六十一 loʔ˩ ·ɤʔ iʔ˩ 七十 tɕʼiʔ˩ ·ɤʔ 七十一 tɕʼiʔ˩ ·ɤʔ iʔ˩ 八十 paʔ˩ ·ɤʔ 八十一 paʔ˩ ·ɤʔ iʔ˩ 九十 tɕy˨ʮ ·ɤʔ 九十一 tɕy˨ʮ ·ɤʔ iʔ˩ 一百一十 iʔ˩ pɤʔ˩ iʔ˩ ·ɤʔ 一百一十个 iʔ˩ pɤʔ˩ iʔ˩ ·ɤʔ koˉ 三十夜 sã˩ ·ɤʔ ɕi˩ 三十晏上 sã˩ʯ ɤʔ˩ ɛ˥ ·lə 年三十晚上	十一 sɤʔ˩ iʔ˩ 初十 tsʼu˩ sɤʔ˩
石 sɤʔ˩	青石条 tɕʼin˩ʯ ·ɤʔ ·liə 麻石条 mo˨ʮ ·ɤʔ ·liə 磁石 tsʼʅ˨ʮ ·ɤʔ	石板 sɤʔ˩ pã˨ 打火石 ta˨ʮ xo˨ʮ sɤʔ˩

群母读 ∅ 声母:

表 14

单字音	全浊字例词	对比词
球 tɕʻy˩˥	篮球 lã˩˥˩˨ ·y 排球 pʻa˩˥˩˨ ·y 足球 tsoʔ˦ ·y	打球 ta˧˩˨˦ tɕʻy˩˥
裙 tɕʻin˩˥	围裙 vi˩˥˩˨ ·in	裙子 tɕʻin˩˥˩˨ ·tsɿ
渠 xei˩˥	你去喊渠一声 ȵin˥˧ tɕʻi˦ xã˧˩˨˦ ·ei iʔ˦ sɛ˨ 你去叫他一声 把渠掼了渠 pɔ˧˩ ·ei kʻuã˦ ·lɤʔ ·ei 把它摔了（它） 涂了渠 tʻu˩˥˩˨ ·lɔ ·ei（把它）涂了	渠里 xei˩˥˩˨ ·lei 他们

匣母读 Ø 声母：

表 15

单字音	全浊字例词	对比词
鞋 xa˩˥	拖鞋 tʻo˨ ·a 絮鞋 ɕi˦˩˨ ·a 皮鞋 pʻi˩˥˩˨ ·a 布鞋 pu˦˩˨ ·a 草鞋 tsʻɵ˧˩˨˦ ·a / tsʻɵ˧˩˩˨ ·a 胶鞋 tɕiɵ˨ ·a 雨鞋	鞋底 xa˩˥ ti˧˩ 棉鞋 miã˩˥ xa˩˥
号 xɵ˥	一号 iʔ˦ ·ɵ 指日期，下同 二号 ɛ˥˧ ·ɵ 三号 sã˨ ·ɵ 四号 sɿ˦˩˨ ·ɵ 五号 oŋ˥˩˨ ·ɵ 六号 loʔ˥ ·ɵ 七号 tɕʻiʔ˦ ·ɵ 八号 paʔ˦ ·ɵ 九号 tɕy˧˩˨˦ ·ɵ 十号 sɤʔ˥ ·ɵ	字号 sɿ˥ xɵ˦
下 xɔ˥	饭好下了 vã˥˧ xɵ˧˩˧ ·ɔ ·lɤʔ 饭菜做好了 风停下了 foŋ˨ tʻin˩˥˩˨（x）ɔ˥˧ ·lɤʔ	下棋 xɔ˥ tɕʻi˩˥
县 ɕiã˥	泾县 tɕin˨ ·iã	泾县 tɕin˨ ·ɕiã
寒 xɛ˩˥	打脾寒 ta˧˩˨˦ pʻi˩˥˩˨ ·ɛ 发疟疾	寒露 xã˩˥˩˨ lu˥ 寒假 xɛ˩˥ ·kɔ 伤寒 sə˨ xɛ˩˥

三　安徽泾县查济方言单字音表

表 16　安徽泾县查济方言单字音表

	ʅ	i	u	y	a
	阴阳上阴阳 平平声去去 ˩ ˧ ˥ ˩ ˥	阴阳上阴阳 平平声去去 ˩ ˧ ˥ ˩ ˥	阴阳上阴阳 平平声去去 ˩ ˧ ˥ ˩ ˥	阴阳上阴阳 平平声去去 ˩ ˧ ˥ ˩ ˥	阴阳上阴阳 平平声去去 ˩ ˧ ˥ ˩ ˥
p p' m f v		比闭蓖 批皮庇屁毙 　迷 米 飞肥匪肺 威围委慰胃	○　补布 铺菩普铺部 　　　幕 呼符虎富负		摆拜 　排派败 埋妈 卖 歪怀 坏
t t' l		低 底帝 提体剃弟 梨 利	都 堵杜肚 徒土兔度 炉努露路	丢 抖逗 偷头散透豆 流吕 漏	大 打带 他 态大 拉拿乃 耐
ts ts' s	资 指治 痴迟耻次 师时死世寺		猪 组注皂 粗除楚醋住 苏锄数诉树		斋 者债 钗 筪 筛柴洒
tɕ tɕ' ȵ ç		鸡 挤计几 妻奇取气 倪 西徐洗絮系		周 九救具 丘仇丑凑旧 牛扭 须猴手绣厚	
k k' ŋ x		规 鬼桂 区葵跪愧柜	姑 古故 枯 苦库 湖 互	沟 狗购 拘 口寇 藕	阶 解介 揩 楷 　　我 鞋 蟹
ø		衣移椅亿易	乌吴 恶户	优于 玉右	矮

○ pu˩：姑母

大 ta˥：父亲

续表 16

	ia	ua	ɛ	uɛ	ɵ
	阴平 阳平 上声 阴去 阳去 ˩ ˧ ˥˩ ˥ ˩	阴平 阳平 上声 阴去 阳去 ˩ ˧ ˥˩ ˥ ˩	阴平 阳平 上声 阴去 阳去 ˩ ˧ ˥˩ ˥ ˩	阴平 阳平 上声 阴去 阳去 ˩ ˧ ˥˩ ˥ ˩	阴平 阳平 上声 阴去 阳去 ˩ ˧ ˥˩ ˥ ˩
p p' m f v			搬　半 潘盘　叛伴 瞒　漫 欢 完碗腕换		包宝报 泡跑炮暴 猫毛　帽 　　否
t t' l			端　短断 贪团　探段 南　乱		刀岛到 涛桃讨套稻 捞劳　老
ts ts' s			专　展战錾 穿缠喘串传 酸船陕算善		遭早照 操曹炒躁 臊扫嗽造
tɕ tɕ' ȵ ɕ	姐				
k k' ŋ x		乖拐怪 　　快	肝敢干 看拳坎看 岩岸 憨寒罕汉旱	棺管灌 宽款	高绞告 敲考靠 熬袄怄傲 蒿毫好耗浩
ø		○　也	安而　按二		欧呕奥

○ iaʋ˩ ·ia：祖母

续表 16

	iɵ	ə	ei	uə	o
	阴平 阳平 上声 阴去 阳去 ˥ ˩˧ ˧˩ ˥˩ ˥˩	阴平 阳平 上声 阴去 阳去 ˥ ˩˧ ˧˩ ˥˩ ˥˩	阴平 阳平 上声 阴去 阳去 ˥ ˩˧ ˧˩ ˥˩ ˥˩	阴平 阳平 上声 阴去 阳去 ˥ ˩˧ ˧˩ ˥˩ ˥˩	阴平 阳平 上声 阴去 阳去 ˥ ˩˧ ˧˩ ˥˩ ˥˩
p p' m f v	标 表 飘瓢漂票 苗藐 庙	帮 榜棒 胖旁 胖 忙莽 网 方庬访放 汪黄往 晃			波跛 坡婆破 摸魔 墓
t t' l	刁 钓掉 挑条 跳调 辽 料	当 党当 汤唐躺烫荡 郎 浪	凉两 亮		多 躲 拖驼妥 舵 啰罗虏 糯
ts ts' s		张 壮 仓藏闯唱状 桑床赏丧上			左做 搓 错 蓑 所坐
tɕ tɕ' ɲ ç	交 狡叫 超潮巧鞘赵 饶扰 尿 消 小笑绍		姜 蒋帐 枪肠抢畅丈 娘 让 香墙想向橡		
k k' ŋ x		刚 讲杠 康扛慷抗 夯航 项		光 广逛 筐狂 矿	哥 果过 科 可课 鹅 饿我 河火货和
∅	妖摇舀要耀		央羊 养		窝 卧

	ɔ 阴平 阳平 上声 阴去 阳去 ˩ ˧ ˥ ˩ ˧	iɔ 阴平 阳平 上声 阴去 阳去 ˩ ˧ ˥ ˩ ˧	uɔ 阴平 阳平 上声 阴去 阳去 ˩ ˧ ˥ ˩ ˧	ei 阴平 阳平 上声 阴去 阳去 ˩ ˧ ˥ ˩ ˧	ã 阴平 阳平 上声 阴去 阳去 ˩ ˧ ˥ ˩ ˧
p p' m f v	巴 把 坝 　爬 怕 耙 妈 麻 　马 花 挖华 洼化			杯 别耷被 胚赔 配倍 　梅 妹 灰 回 讳汇	班 板扮 攀爿襻瓣 　蛮 慢 蚄烦反泛犯 弯环晚 饭
t t' l	○ 　　哪	爹		堆 对 推台腿退代 来全类	丹 胆旦 滩谈坦炭淡 蓝揽 烂
ts ts' s	抓 爪榨 叉茶 扯岔栅 沙蛇 舍晒社			灾 宰再 猜 彩菜 腮材 碎罪	斩赞 参残产灿赚 三 闪散
tɕ tɕ' ɲ ç		借 　　惹 靴斜写泻谢			
k k' ŋ x	家 假嫁 　　搭 　牙 瓦 虾霞 夏		瓜 寡挂 夸 垮跨	该渠改盖 开 慨 　揣 外 渠海 害	艰 简涧 刊乾砍嵌 颜 堰眼 含喊苋
ø	丫伢雅亚	耶	野	这爱	淹 壂

○ tɔ˥：~嘴巴（张嘴）

栅 tsʻɔ˥：遮

渠 kei˧：第三人称"他"，少用

渠 xei˧：第三人称"他"，多用

续表 16

	iã	uã	ən	in	uən
	阴阳上阴阳 平平声去去 ˩ ˨ ˥ ˦ ˥	阴阳上阴阳 平平声去去 ˩ ˨ ˥ ˦ ˥	阴阳上阴阳 平平声去去 ˩ ˨ ˥ ˦ ˥	阴阳上阴阳 平平声去去 ˩ ˨ ˥ ˦ ˥	阴阳上阴阳 平平声去去 ˩ ˨ ˥ ˦ ˥
p pʻ m f v	边 扁变 偏便 片辨 　棉勉 面		奔 本 烹盆 笨 　门 闷 昏坟粉奋份 温文稳 问	兵 丙殡 拼平品聘病 　名悯 命	
t tʻ l	颠 点店佃 天田舔掭电 　连敛 练		灯饨等凳 吞藤 钝 　轮 冷	丁 顶订 厅停挺听定 　拎林 令	
ts tsʻ s			针 枕证 春尘逞寸 森唇沈圣剩		
tɕ tɕʻ ȵ ɕ	尖 剪见 千钳浅欠件 　年碾 验 先前选线旋			斤 井晋 清芹请庆近 　银忍 闰 心旬笋姓静	
k kʻ ŋ x	捐 卷眷 圈权犬劝	关 惯 　贯	根 哽更 坑 肯 　　硬 亨衡很 恨	军 郡 群倾	滚棍 坤 捆困
∅	烟严演厌院		恩	音云影刃运	

续表 16

	oŋ	ioŋ	iʔ	uʔ	aʔ	iaʔ	uaʔ	ɤʔ
	阴平 阳平 上声 阴去 阳去	阴平 阳平 上声 阴去 阳去	阴入 阳入	阴入 阳入	阴入 阳入	阴入 阳入	阴入 阳入	阴入 阳入
p p' m f v	迸 朋捧喷 萌猛　梦 风冯　奉凤		笔 辟鼻 密	扑 木	八　拔 发 挖滑	鳖 撇别 灭		北 泼白 麦 福服 屋获
t t' l	东　董栋 通同桶痛洞 龙　弄		滴嫡 踢敌 立	<u>逮</u>	答达 塔达 腊	跌 铁谍 猎		德 突夺 勒
ts ts' s	宗　肿众 葱虫宠仲重 松屁　送				折 察杂 杀炸			责掷 出侄 色石
tɕ tɕ' ɲ ç		穷 兄熊	急集 七值 <u>且</u> 习食			接 切截 捏热 歇穴		
k k' ŋ x	公　拱贡 空　孔控共 轰红哄哄			骨 阔	甲　掐 匣峡	决 缺	刮 <u>括</u>	格　客 扼额 黑盒
∅	翁　瓮<u>五</u>	雍荣勇　用	一入		压	悦越		

续表 16

	oʔ	ioʔ	ɔʔ	iɔʔ	uɔʔ	m̩	ŋ̩
	阴入 阳入 ˥ ˥	阴入 阳入 ˥ ˥	阴入 阳入 ˥ ˥	阴入 阳入 ˥ ˥	阴入 阳入 ˥ ˥	阴平 阳平 上声 阴去 阳去 ˥ ˩ ˩˥ ˥˩ ˩˩	阴平 阳平 上声 阴去 阳去 ˥ ˩ ˩˥ ˥˩ ˩˩
p p' m f v	仆 目		博勃薄 莫 划划				
t t' l	督跊毒 六		沰托铎 落	掠			
ts ts' s	竹触蜀 俗熟		桌柞 戳昨 缩凿				
tɕ tɕ' ɲ ɕ		菊局 曲 肉 粟		脚 却着 弱 削昨			
k k' ŋ x	哭		郭 壳 粤岳 喝学		或		
ø		欲育	恶	约药		模　　母	鱼　　女

第二章　安徽泾县查济方言语音演变特点

一　声母演变特点

（一）古全浊清化

古全浊声母今读清音。泾县查济方言古全浊声母字今读清音，逢塞音、塞擦音时，多读送气声母。值得注意的是，当古全浊声母字处于词中或词末时，多读浊擦音或边音声母，而全清、次清声母字没有这种现象，从而间接区分古浊母字与古清母字之间的对立。

表 17　古全浊字今读声母对照表

古全浊声母		今读声母		例字
帮系	並母	p'		跑
	奉母	f		肥
端组	定母	t'		大
精组	从母 邪母	洪音 s ts'		曹
				祠
		细音 ɕ tɕ'		匠
				像
知系	澄母 崇母 船母 禅母	洪音 s ts'		锤
				柴
		细音 ɕ tɕ'		舌
				折
见系	群母	洪音 k'		跪
		细音 tɕ'		勤群
	匣母	洪音 x		回
		细音 ɕ		形

由上表可见，泾县查济方言从邪不分，船禅不分。例如：

从邪不分：匠＝像 ɕiə²

船禅不分：唇＝纯 ʂən

（二）文白异读

1. 微母白读与明母不分，今读 m 声母。微母白读［m］声母，文读［v］声母。例如：

	望	忘	蚊	晚
白读	mə²	mə²	ˏmən	mã²
文读	və²		ˏvən	ˎvã

2. 古日母白读入泥母，文读零声母。古日母白读入泥母读［ȵ］声母，文读零声母。例如：

白读	儿＝尼 ȵ	人＝宁 ȵin
文读	刃＝印 inˎ	绒＝融 ˏioŋ

3. 古疑母字今读有文白异读，白读洪音［ŋ］声母，细音［ȵ］声母，与泥母相同；文读同云、以母字，为零声母。例如：

白读	雁 ŋã²	言＝黏 ˏȵiã
文读	雅＝哑 ˎɔ	愚＝于 ˏy

4. 见系开口二等字今多读［k kʻ x］声母，存在少量文白异读现象，白读［k kʻ x］声母，文读［tɕ tɕʻ ɕ］声母。例如：

	教	检
白读	ˏkɵ	ˎkã
文读	ˏtɕiɵ	ˎtɕiã

（三）尖团分混

尖团开口合流，合口部分有别。精组字开合口、见晓组开口字今读细音时，声母均读［tɕ tɕʻ ɕ］声母；见晓组合口字今读细音时，声母为［k kʻ ɕ］，其中见母、溪母与相应的精母、清母今读［tɕ tɕʻ］有对立。比如：

	开口字	合口字
精：见	津＝巾 ˏtɕin	嘴 tɕi ˎ≠轨 ˎki
清：溪	亲＝钦 ˏtɕʻin	脆 tɕʻiˎ≠愧 kʻiˎ
从：群	齐＝奇 ˏtɕʻi	全 ˏɕiã ≠拳 ˏkʻiã
心：晓	心＝欣 ˏɕin	迅 ɕinˎ＝训 ɕinˎ

（四）泥来分混

古泥来母洪混细分。古泥来母字今读洪音时相混，均读 l 声母；今读细音时，泥母读［n̠］声母，来母读 l 声母。例如：

洪音　　　　　　　男＝篮 ₋lā

细音　　　　　　　宁 ₋n̠in ≠ 灵 ₋lin

（五）齿音分混

古精组与知庄章组今读合流。古精组与知庄章组今读洪音时声母为［ts tsʻ s］，今读细音时声母是［tɕ tɕʻ ɕ］。

	洪音	细音
精组洪音	遭 ₋tsθ	焦 ₋tɕiθ
知庄章组	罩笊照 tsθ '	朝招 ₋tɕiθ

二　韵母演变特点

（一）韵母类型与吴语韵母类型相似

1. 韵尾简化。蟹效流宕江等摄大多失去韵尾，成为单元音韵母；咸山摄鼻尾韵成为鼻化韵韵母或失去韵尾成为单元音韵母。

2. 一等韵主元音大多高化，与二等韵有别。蟹咸山一等韵主元音高化，成为中元音韵；二等韵为低元音韵，从而形成一二等有别的情况。

假效宕江等摄二等字主元音发生了与一等字相同的高化现象。

（二）韵类分合关系

1. 蟹止合流。蟹摄三四等字与止摄三等字合流，今读［i］韵，或相应的舌尖元音［ɿ］韵。例如：

蟹摄开三四	例丽 li ²	制 tsɿ '
止开三	利 li ²	至 tsɿ '
蟹合三四	脆 tɕʻi '	桂 ki '
止合三	嘴 ₋tɕi	贵 ki '

2. 深臻曾梗合流。深臻摄开口舒声字与曾梗摄开口舒声字合流，今读［ən in］韵。也就是所谓［ən əŋ］不分。例如：

深臻　　　　针真 ˌtsən　　　　　音因 ˌin
曾梗　　　　蒸征 ˌtsən　　　　　应英 ˌin

3. 咸山一等重韵有对立。咸摄开口一等舒声韵有两个一等韵覃韵和谈韵，这两个一等重韵见系字都读［ɛ］韵，端系字覃韵今读［ɛ］韵，谈韵读［ã］。端系字之内形成覃谈有别。山摄寒韵与谈韵韵类相同。

覃韵　　　　耽 ˌtɤ　　　　　　蚕 ˌsɛ
谈韵　　　　担 ˌtã　　　　　　三 ˌsã
寒韵　　　　丹 ˌtã　　　　　　珊 ˌsã

4. 咸山见系一二等有别。咸山见系一等开口为［ɛ］韵，合口为［uɛ］韵，二等开口为［ã］韵，合口为［uã］韵。例如：

咸山见系一等　　　感杆 ˌkɛ　　　　　官 ˌkuɛ
咸山见系二等　　　减简 ˌkã　　　　　关 ˌkuã

(三) 合口读开口韵

1. 端组、精组合口一等字，今读开口韵，与相应的开口韵合流。合口三等知系字，今读开口韵。例如：

	端组	精组	知系
蟹	队 ˌtei	催 ˌtsʻei	税 sei ʼ
山	端 ˌtɤ	酸 ˌsɛ	穿 ˌʂɤ
臻	墩 ˌtən	村 ˌtsʻən	春 ˌʂʻən

2. 合口三四等韵今逢细音时入开口韵类，读齐齿呼韵。

	精组	见系
蟹	脆 tɕʻiʼ	桂 kiʼ
止	翠 tɕʻiʼ	贵 kiʼ
山	全 ˌɕiã	拳 ˌkʻiã
臻	笋 ˌɕin	群 ˌkʻin

(四) 流摄一等字读细音

流摄一等字读细音，与三等同韵。泥组、精组一三等合流，见系字一三等声母有别。例如：

	端组	泥组	精组	见系
一等	兜 ˌty	楼 ˌly	奏 tɕyʼ	钩 ˌky
三等		流 ˌly	酒 ˌtɕyʼ	纠 ˌtɕyʼ

三　声调演变特点

（一）今声调 7 个

阴平 ［˨˩］ 21　　上声 ［˦˨˦］ 424　　阴去 ［˦˦］ 44　　阴入 ［˦］ 4

阳平 ［˨˥］ 25　　　　　　　　　　阳去 ［˥˥］ 55　　阳入 ［˥］ 5

（二）声调演变特点

古平声按照声母清浊今分阴阳平，古清上、部分次浊上今读上声，古清去今读阴去，古全浊上、部分次浊上、古浊去今读阳去，古入声按照声母清浊今分阴阳入。

表 18　泾县查济方言声调演变特点

平声		上声			去声		入声	
清	浊	清	次浊	全浊	浊	清	清	浊
阴平 21	阳平 25	上声 424		阳去 55		阴去 44	阴入 4	阳入 5

第三章 安徽泾县查济方言语音系统与中古音比较

表 19 安徽泾县查济方言声调与《广韵》声调比较表

		阴平 [˩] 21	阳平 [˧] 25	上声 [˨] 424	阴去 [˦] 44	阳去 [˥] 55	阴入 [˦] 4	阳入 [˥] 5
平	清	高边粗飞						
	次浊		人鹅龙麻					
	全浊		穷唐寒才					
上	清			古展走碗				
	次浊			吕		老女买染		
	全浊					近柱坐待		
去	清				菜带过裤			
	次浊					望让漏岸		
	全浊					大树共饭		
入	清						竹七得黑	
	次浊							麦月六热
	全浊							白舌学局

表 20　安徽泾县查济方言声母与《广韵》声母比较表

	清		全浊（平）	全浊（仄）
帮组	帮 包 pɘ˩	滂 片 pʰiã˥	並 盆 pʰən˧	败 pʰaʔ˥
非组	非 夫 fu˩	敷 芬 fən˩	奉 烦 fã˧ 凡 vã˧	犯 fã˥ 饭 vã˥
端泥组	端 多 to˩	透 腿 tʰei˅	定 田 tʰiã˧	电 tʰiã˥
精组	精 左 tso˅ 姐 tɕia˅	清 粗 tsʰu˩ 侵 tɕʰin˩	从 蚕 sɛ˧ 曹 tsʰɵ˧ 钱 ɕiã˧ 齐 tɕʰi˧	在 sei˥ 杂 tsʰaʔ˥ 匠 ɕiə˥ 集 tɕiʔ˥
知组	知 知 tsʅ˩ 帐 tɕiɘ˩	彻 痴 tsʰʅ˩ 抽 tɕʰy˩	澄 迟 tsʅ˧ 绸 tɕʰy˧	柱 tsʰu˥ 治 tsʅ˥ 赵 tɕiɘ˥ 宙 tɕy˥
庄组	庄 渣 tsɔ˩ 皱 tɕy˩	初 初 tsʰu˩	崇 锄 su˧ 巢 tsʰɵ˧ 愁 tɕʰy˧	士 sʅ˥ 助 tsʰu˥ 骤 tɕy˥
章组	章 朱 tsu˩ 周 tɕy˩	昌 齿 tsʰʅ˅ 吹 tɕʰi˩	船 船 sɛ˧ 乘 tsʰən˧	示 sʅ˥ 食 ɕiʔ˥
日母				
见晓组	见 哥 ko˩ 军 kin˩ 鸡 tɕi˩	溪 苦 kʰu˅ 屈 kʰiaʔ˥ 欺 tɕʰi˩	群 群 kʰin˧ 骑 tɕʰi˧	郡 kin˥ 柜 kʰi˥ 轿 tɕʰiɘ˥
影组	影 安 ɛ˩ 衣 i˩ 碗 vɐ˅ 忧 y˩			

续表 20

次浊		清	全浊		
			平	仄	
明　忙 mə↗					帮组
微　晚 va↘ 　　晚 mã↗ 　　无 u↗					非组
泥　难 lã↗ 　　年 ȵiã↗ 　　尼 ȵ↗	来　兰 lã↗ 　　梨 li↗				端泥组
		心　苏 su˥ 　　岁 ɕi˥	邪　祠 sʅ↗ 　　祠 tsʅ↗ 　　徐 ɕi↗ 　　寻 tɕʰin↗	寺 sʅ˥ 袖 ɕy˥	精组
					知组
		生　梳 su˥ 　　产 tsʰã↘ 　　瘦 ɕy˥			庄组
		书　诗 sʅ˥ 　　暑 tsʰu↘ 　　水 ɕi↘	禅　时 sʅ↗ 　　丞 tsʰən↗ 　　垂 tɕʰi↗	市 sʅ˥ 蜀 tsʰo˥ 寿 ɕy˥ 植 tɕʰiʔ˥	章组
日　惹 ȵie˥ 　　耳 ȵ˥ 　　二 ɛ˥ 　　绒 ioŋ↗					日母
疑　艾 ŋei˥ 　　语 ȵ˥ 　　元 ȵiã↗ 　　迎 in↗		晓　海 xei↘ 　　花 fɔ˥ 　　化 vɔ˥ 　　虚 ɕy˥	匣　鞋 xa↗ 　　怀 va↗ 　　猴 ɕy↗	亥 xei˥ 坏 va˥ 后 ɕy˥	见晓组
云 　　永 ioŋ˥ 　　卫 vi˥ 　　右 y˥	以 　　羊 iɛ↗ 　　维 vi↗ 　　油 y↗				影组

表 21-1　安徽泾县查济方言韵母与《广韵》韵母比较表

| | 一等 | | | 二等 | | | |
	帮系	端系	见系	帮系	泥组	知庄组	见系
果开		多 to˩	哥 ko˩				
果合	婆 p'o˥	坐 so˩	货 xo˥				
假开				马 mɔ˩	拿 la˥	沙 sɔ˩	家 kɔ˩
假合						傻 sɔ˥	瓜 kuɔ˩ 花 fɔ˩
遇摄	补 pu˥	粗 ts'u˩	苦 k'u˥				
蟹开	贝 pi˥	胎 t'ei˥ 带 ta˥	开 k'ei˩	排 p'a˥	奶 la˥	柴 sa˥	街 ka˩ 崖 ŋɔ˥
蟹合	梅 mei˥	对 tei˥	灰 fei˩ 外 ŋ˥				怪 kua˩ 画 vɔ˥
止开							
止合							
效摄	毛 mɵ˥	刀 tɵ˩	高 kɵ˩	包 pɵ˩	闹 lɵ˩	吵 ts'ɵ˥	敲 k'ɵ˩ 孝 ɕiɵ˥
流摄	牡 mɵ˩ 母 m̩˥	斗 ty˩	狗 ky˥ 欧 ɵ˩				
咸舒		贪 t'ɛ˩ 淡 t'ã˥	暗 ɜ˩ 喊 xã˥			斩 tsã˥	咸 xã˥ 岩 ŋɜ˥
深舒							
山开舒		单 tã˩	寒 xɜ˥	班 pã˩		山 sã˥	眼 ŋã˥
山合舒	搬 pɜ˩	短 tɜ˥	管 kuɛ˥			闩 sɜ˩	关 kuã˩
臻开舒		吞 t'ən˩	根 kən˩				
臻合舒	门 mən˥	寸 ts'ən˥	滚 kuən˥				
宕开舒	帮 pɵ˩	汤 t'ɵ˩	钢 kɵ˩				
宕合舒			光 kuɑ˩ 荒 fɵ˩				
江舒				棒 pɵ˥	攘 lɵ˩	双 sɵ˩	讲 kɵ˥ 腔 tɕ'iɵ˩

续表 21-1

| 三四等 | | | | | | | | |
帮系	端组	泥组	精组	庄组	知章组	日母	见系	
								果开
							靴 ɕiɔ˩	果合
			写 ɕiɔ˅		蛇 sɔ˩	惹 ȵiɔ˩	夜 iɔ˩	假开
								假合
夫 fu˩		女 ȵ˩ 驴 li˩	取 tɕʰiʮ˅	初 tsʰuʮ˩	朱 tsuʮ˩	如 yʮ˩	居 tɕyʮ˩ 区 kʰiʮ˩	遇摄
米 mi˩	低 ti˩	礼 li˩	西 ɕi˩		世 sʮ˩		鸡 tɕi˩	蟹开
肺 fi˧			岁 ɕi˧		税 sei˧		桂 ki˧	蟹合
碑 pei˩ 比 pi˅	地 tʰi˧	梨 li˩	死 sʮ˅	师 sʮ˩	纸 tsʮ˅	二 ɛ˧ 耳 ȵ̩˩	骑 tɕʰi˩	止开
飞 fi˩		类 lei˧	嘴 tɕi˅	帅 sei˧	水 ɕi˅		规 ki˩	止合
苗 miɔ˩	钓 tiɔ˧	料 liɔ˧	笑 ɕiɔ˧		赵 tɕʰiɔ˧ 照 tsɔ˧	饶 ȵiɔ˩	叫 tɕiɔ˧	效摄
浮 fu˩ 矛 mə˩	丢 ty˩	流 ly˩	酒 tɕy˅	瘦 ɕy˧	收 ɕy˩	柔 y˩	牛 ȵy˩	流摄
贬 piã˅ 帆 fã˩	店 tiã˧	念 ȵiã˧	尖 tɕiã˩		占 tsɛ˧ 闪 sã˅	染 ȵiã˧	检 tɕiã˅	咸舒
品 pʰin˅		林 lin˩	心 ɕin˩	森 sən˩	深 sən˩	壬 in˩	琴 tɕʰin˩	深舒
边 piã˩	天 tʰiã˩	连 liã˩	剪 tɕiã˅		善 sɛ˧	燃 iã˩	肩 tɕiã˩	山开舒
反 fã˅		恋 liã˧	宣 ɕiã˩		船 sɛ˩	软 ȵiã˧	拳 kʰiã˩	山合舒
贫 pʰin˩		邻 lin˩	新 ɕin˩	衬 tsʰən˧	真 tsən˩	人 ȵin˩	斤 tɕin˩	臻开舒
粉 fən˅		轮 lən˩	遵 tsən˩ 笋 ɕin˅		顺 sən˧	闰 ȵin˧	军 kin˩	臻合舒
		凉 liã˩	墙 ɕiã˩	床 sɔ˩	账 tɕiɔ˧ 章 tsɔ˩	让 iã˧	强 tɕʰiɔ˩	宕开舒
方 fɔ˩							狂 kʰuɔ˩ 王 vɔ˩	宕合舒
								江舒

表 21-2　安徽泾县查济方言韵母与《广韵》韵母比较表

	一等			二等			
	帮系	端系	见系	帮系	泥组	知庄组	见系
曾开舒	崩 pən˩	灯 tɛn˩	恒 xən˥				
曾合舒			弘 xoŋ˥				
梗开舒				彭 pʻɛn˥ 棚 pʻoŋ˥	冷 lən˩	生 sən˩ 甥 sɛ˥	耕 kən˩ 埂 kɛ˥
梗合舒							横 vɛ˥ 宏 xoŋ˥
通舒	蒙 moŋ˥	东 toŋ˩	空 kʻoŋ˩				
咸入		塔 tʻaʔ˥	盒 xɤʔ˥			插 tsʻaʔ˥	甲 kaʔ˥
深入							
山开入		辣 laʔ˥	割 kɤʔ˥	八 paʔ˥		杀 saʔ˥	瞎 xaʔ˥
山合入	末 mɤʔ˥	脱 tʻɤʔ˥	活 vɤʔ˥ 阔 kʻuʔ˥			刷 saʔ˥	滑 vaʔ˥ 刮 kuaʔ˥
臻开入							
臻合入	不 pɤʔ˥	突 tʻɤʔ˥	忽 fɤʔ˥ 骨 kuʔ˥				
宕开入	博 poʔ˥	落 loʔ˥	鹤 xɔʔ˥				
宕合入			郭 kɔʔ˥				
江入				剥 poʔ˥		桌 tsɔʔ˥	学 xɔʔ˥
曾开入	北 pɤʔ˥	贼 tsʻɤʔ˥	黑 xɤʔ˥				
曾合入			国 kuʔ˥ 惑 fɤʔ˥				
梗开入				百 pɤʔ˥		拆 tsʻɤʔ˥	客 kʻɤʔ˥
梗合入							获 vɤʔ˥
通入	木 moʔ˥	毒 tʻoʔ˥	哭 kʻoʔ˥ 屋 vɤʔ˥				

续表 21-2

			三四等					
帮系	端组	泥组	精组	庄组	知章组	日母	见系	
冰 pin˩		陵 lin˥			蒸 tsəŋ˩	仍 in˅	凝 ȵin˥	曾开舒
								曾合舒
丙 pin˅	听 tʰin˩	令 lin˩	晴 tɕʰin˥		城 tsʰəŋ˥		京 tɕin˩	梗开舒
							兄 ɕioŋ˩ 倾 kʰin˅	梗合舒
风 foŋ˩		龙 loŋ˥	松 soŋ˩	崇 tsʰoŋ˥	众 tsoŋ˥	绒 ioŋ˥	穷 tɕʰioŋ˥ 弓 koŋ˩	通舒
法 faʔ˦	贴 tʰiaʔ˦	猎 liaʔ˦	接 tɕiaʔ˦		涉 saʔ˦		叶 iaʔ˦	咸入
		立 liʔ˦	集 tɕiʔ˦	涩 sɤʔ˦	汁 tsɤʔ˦	入 iʔ˦	及 tɕiʔ˦	深入
灭 miaʔ˦	铁 tʰiaʔ˦	烈 liaʔ˦	节 tɕiaʔ˦		舌 sɤʔ˦	热 ȵiaʔ˦	揭 tɕiaʔ˦	山开入
发 faʔ˦		劣 liaʔ˦	雪 ɕiaʔ˦		说 saʔ˦		决 kiaʔ˦	山合入
笔 piʔ˦		栗 liʔ˦	七 tɕʰiʔ˦	虱 sɤʔ˦	失 sɤʔ˦	日 ȵiʔ˦	一 iʔ˦	臻开入
物 vɤʔ˦		律 liʔ˦	戌 ɕiʔ˦		出 tsʰɤʔ˦		屈 kʰiaʔ˦	臻合入
		掠 lioʔ˦	削 ɕioʔ˦		绰 tɕʰioʔ˦ 芍 sɔʔ˦	弱 ȵioʔ˦	脚 tɕioʔ˦	宕开入
缚 fu˥								宕合入
								江入
逼 piʔ˦		力 liʔ˦	息 ɕiʔ˦	色 sɤʔ˦	直 tɕiʔ˦ 织 tsɤʔ˦		极 tɕiʔ˦	曾开入
							域 iʔ˦	曾合入
壁 piʔ˦	踢 tʰiʔ˦	历 liʔ˦	惜 ɕiʔ˦		石 sɤʔ˦		吃 tɕiʔ˦	梗开入
							疫 iʔ˦	梗合入
服 fɤʔ˦ 目 moʔ˦		六 loʔ˦	肃 soʔ˦	缩 sɔʔ˦	叔 soʔ˦	肉 ȵioʔ˦	局 tɕioʔ˦	通入

第四章 安徽泾县查济方言同音字汇

说 明

1. 本同音字汇所收的字，都是查济方言的常用字，包括以下几个来源：

（1）《方言调查字表》（修订本，中国社会科学院语言研究所编，1981年12月新一版）里查济方言口语用到的字。

（2）查济方言口语常用，但《方言调查字表》未收的字。不过这些字都见于《广韵》或《集韵》。

（3）本字汇也包括一些写不出字形的音节，一律用方框"□"表示并加以注释。

2. 有些字有异读，大多数属于文白异读。字下加"＿"表示文读，字下加"＿"表示白读。不属于文白异读的，按照异读音使用频率标数码1、2、3。如：父₁、父₂。

3. 本字表先按韵母分类，同韵的字按声母顺序排列，声韵母相同的按声调顺序排列。

ʅ

ts　　［˥］知蜘支枝肢栀资姿咨脂兹滋辎之芝　［˧］紫纸姊₁旨指子梓止址
　　　　［˨］制制智稚至置痔治志痣

tsʻ　　［˥］痴嗤　［˧］驰瓷糍~粑迟慈磁雌辞嗣子~持词祠池~州　［˨］此耻
　　　　［˨］刺翅次　［·］齿牙~

s　　　［˥］斯撕施私师狮尸司丝思诗　［˧］时祠~堂池~塘　［˨］死屎使史驶
　　　　始　［˨］世势四肆伺~候祀试　［˧］誓是氏自~家示视字似巳寺饲士仕

柿事市侍　[·]厕

i

p　[˨˩˦]彼比　[˧]贝闭鄙　[˥]蓖

pʻ　[˩]批坯披　[˧˥]皮疲脾$_1$琵枇　[˨˩˦]庇脾$_2$　[˧]蔽弊痹屁匹　[˥]币毙被~子避备背耳~

m　[˧˥]迷谜弥眉　[˥]米秘尾

f　[˩]非飞妃挥辉徽　[˧˥]肥　[˨˩˦]悔匪榧翡　[˧]废肺费

v　[˩]威　[˧˥]茴危桅为作~维惟唯微肥违围纬苇　[˨˩˦]委　[˧]秽喂慰　[˥]雨芋贿卫伪为~什么位未味魏伟胃谓猬尾

t　[˩]低爹祖父　[˨˩˦]底抵　[˧]帝地

tʻ　[˧˥]题提蹄　[˨˩˦]体　[˧]涕剃屉　[˥]弟第递地　[·]梯楼~

l　[˧˥]驴黎梨厘狸　[˥]例厉励礼丽隶离~开；~家近篱~笆荔利痢李里理鲤吏泪　[·]璃

tɕ　[˩]鸡饥肌基几~乎机讥　[˨˩˦]姊$_2$挤己几~个嘴　[˧]祭际济计继寄技妓纪记忌既醉季　[˥]几茶~

tɕʻ　[˩]蛆妻溪欺吹炊　[˧˥]齐脐荠~子（荸荠）奇骑岐祁鳍其棋旗祈垂槌　[˨˩˦]取娶启企起杞岂　[˧]砌契脆器弃气汽翠粹去来~　[·]去助词期日~

ȵ　[˧˥]倪

ɕ　[˩]些西犀奚牺嬉熙希稀虽　[˧˥]徐随　[˨˩˦]洗玺喜蟢~~的（蟋蟀）水　[˧]絮细婿岁戏睡　[˥]荠~菜系联~；~上瑞遂隧　[·]髓骨~

k　[˩]车~马炮规龟归　[˨˩˦]诡轨鬼　[˧]锯名词句鳜桂贵据

kʻ　[˩]区魁五~首亏　[˧˥]癸逵葵奎　[˨˩˦]跪　[˧]去来~，~皮愧跪~拜　[˥]柜

∅　[˩]倚医衣依　[˧˥]爷仪谊移姨沂遗疑　[˨˩˦]椅已以　[˧]艺瞖意毅忆亿　[˥]义议易难~；交~以异　[·]宜便~椸榔~围馋~（围嘴儿）

u

p　[˩]□姑妈　[˨˩˦]补　[˧]布怖

p'　[⏌]铺~下子　[⏋]菩　[꜔]谱普浦蒲脯捕　[⎤]铺当~埠蚌~　[⎦]部簿步菢~小鸡

m　[⎦]幕

f　[⏌]呼夫敷　[⏋]俘符扶浮芙　[꜔]虎府斧腐辅阜~阳　[⎤]戽~水付富副缚傅姓父$_1$　[⎦]父$_2$附妇负　[·]肤皮~麸麦~

t　[⏌]都~城　[꜔]堵赌　[⎤]杜　[⎦]肚猪~；~子渡~口

t'　[⏋]徒途涂图　[꜔]土吐~痰　[⎤]妒吐~出来兔　[⎦]度渡过~

l　[⏋]奴卢炉芦庐　[꜔]努卤　[⎤]露~水　[⎦]怒鲁路露鹭橹

ts　[⏌]租猪诛蛛株朱珠　[꜔]祖组阻煮主走　[⎤]著显~注　[⎦]皂

ts'　[⏌]粗初　[⏋]除厨橱殊　[꜔]楚处相~暑　[⎤]醋处~所　[⎦]柱住助　[·]杵打~鼠老~

s　[⏌]苏酥梳蔬书舒输~赢；运~疏　[⏋]锄　[꜔]数动词　[⎤]素诉塑嗉鸟~子数名词漱　[⎦]竖树

k　[⏌]姑孤　[꜔]古估牯股鼓　[⎤]故固雇顾

k'　[⏌]箍枯　[꜔]苦　[⎤]库裤

x　[⏋]湖　[⎦]互

ø　[⏌]乌污　[⏋]吴梧胡~说；~子狐壶瓠~卢无诬糊湖　[꜔]恶可~　[⎤]吾五伍午端~误悟户沪护瓠~子武舞侮鹉务雾戊　[·]浒水~傅师~埠石妇媳~腐豆~

y

t　[⏌]兜丢　[꜔]斗名词抖陡　[⎤]斗动词逗

t'　[⏌]偷　[⏋]头投　[꜔]敨~开　[⎤]透　[⎦]豆

l　[⏋]驴楼流刘留硫琉　[꜔]吕旅搂　[⎤]虑滤屡履篓漏陋柳溜馏廖姓　[·]榴石

tɕ　[⏌]居揪邹周舟州洲鸠纠　[꜔]举酒九久韭灸　[⎤]据距俱奏昼纣宙皱绉骤咒救究~竟臼咎剧~烈；戏~　[⎦]具　[·]矩规~渠水~

tɕ'　[⏌]趋秋抽丘　[⏋]囚绸筹愁仇~人；姓酬求球　[꜔]丑　[⎤]趣去~年凑臭香~　[⎦]舅旧　[·]枢灵~

ɳ　[⏋]蜈~蚣揉牛　[⎤]纽扭

ɕ　[⏌]虚须需修羞搜馊收休　[⏋]侯喉猴瘊　[⎤]许手首守朽　[⎤]绣

　　　　叟秀绣宿星~锈瘦　[ㄱ]序绪后前~；王~厚候就袖兽受授寿售

k　　　[ㄴ]勾钩沟阄　[ㄩ]狗苟　[ㄱ]够构购

k'　　 [ㄴ]拘抠眍~眼睛　[ㄩ]口　[ㄱ]扣寇

ŋ　　　[ㄱ]藕

ø　　　[ㄴ]忧优幽　[ㄑ]如不~余愚娱于盂榆愉柔尤邮由油游犹悠酉　[ㄱ]幼
　　　 玉狱郁姓　[ㄱ]誉预遇宇羽裕又右佑诱柚釉有友

a

p　　　[ㄩ]摆　[ㄱ]拜

p'　　 [ㄑ]排牌箄　[ㄱ]派　[ㄱ]败

m　　　[ㄑ]埋　[ㄩ]妈母亲面称　[ㄱ]买卖迈

v　　　[ㄴ]歪　[ㄑ]怀槐淮　[ㄱ]坏

t　　　[ㄴ]大父亲　[ㄩ]打　[ㄱ]戴带

t'　　 [ㄴ]他它　[ㄱ]态太泰袋　[ㄱ]大太

l　　　[ㄴ]拉　[ㄑ]拿喇来十~个　[ㄩ]乃奶祖母　[ㄱ]耐奈赖癞奶乳汁

ts　　　[ㄴ]斋　[ㄩ]者　[ㄱ]债寨

ts'　　 [ㄴ]钗　[ㄱ]笡斜

s　　　[ㄴ]筛　[ㄑ]豺柴　[ㄩ]洒撒~手

k　　　[ㄴ]阶秸街　[ㄩ]解~开；了~　[ㄱ]锯动词介界芥疥届戒械

k'　　 [ㄴ]揩~油　[ㄩ]楷

ŋ　　　[ㄱ]我

x　　　[ㄑ]鞋　[ㄱ]蟹

ø　　　[ㄩ]矮　[·]啊

ia

tɕ　　　[ㄩ]姐

ø　　　[ㄩ]□祖母　[ㄱ]也

ua

k　　[˩]乖　[˧]拐　[˥]怪

k‘　[˥]会~计刽块快筷

ɛ

p　　[˩]般搬　[˥]半

p‘　[˩]潘　[˧]盘蚌　[˥]盼绊判叛　[˩]伴拌办

m　　[˧]瞒馒　[˩]满漫

f　　[˩]欢帆

v　　[˧]完丸还~乡横~直；蛮~　[˧]皖碗　[˥]唤焕腕患宦　[˩]缓换幻饭

t　　[˩]耽端　[˧]短　[˥]断~案

t‘　[˩]贪　[˧]潭坛团　[˥]探锻　[˩]断~开段缎

l　　[˧]南男鸾拦　[˩]暖卵乱

ts　[˩]簪沾粘瞻占~卦毡钻~洞专砖　[˧]展转~弯者　[˥]占霸~战颤钻钻~转　圈篆　[˩]錾2

ts‘　[˩]川穿氽　[˧]缠传~达椽　[˧]喘　[˥]窜篡串　[˩]传水浒~

s　　[˩]膻扇~风酸闩拴甥声　[˧]蚕船财　[˧]陕　[˥]扇~子单姓算蒜　[˩]錾1善

k　　[˩]甘柑干~支；~湿肝竿　[˧]感敢橄杆秆擀赶埂梗~子　[˥]干~活眷

k‘　[˩]圈看~门　[˧]拳　[˧]坎　[˥]勘看~见

ŋ　　[˧]岩　[˥]岸硬鸡~肝（鸡肫）

x　　[˩]憨酣　[˧]寒韩　[˧]薅罕　[˥]汉　[˩]撼憾旱汗焊翰现~饭

ø　　[˩]庵安鞍鹌　[˧]儿而饵　[˥]揞暗按案晏　[˩]二贰

uɛ

k　　[˩]官棺观~点；道~冠衣~；~军　[˧]管馆　[˥]灌罐

k‘　[˩]宽　[˧]款

ɵ

p　[丿]褒包胞　[ㄨ]保堡宝饱　[ㄱ]报豹爆暴抱

p‘　[丿]泡一~尿　[ㄟ]袍跑　[乛]炮泡~在水里剖　[ㄱ]暴鲍刨~子鉋
　　[·]包荷~（口袋）

m　[丿]猫　[ㄟ]毛茅锚卯谋矛　[ㄱ]冒帽貌某牡茂贸

f　[ㄨ]否

t　[丿]刀　[ㄨ]祷岛倒颠~　[ㄱ]到倒~水道

t‘　[丿]滔掏涛　[ㄟ]桃逃淘陶萄　[ㄨ]讨　[ㄱ]套　[乛]道稻盗导

l　[丿]捞　[ㄟ]劳牢　[ㄱ]脑恼老涝闹

ts　[丿]遭糟昭招　[ㄨ]早枣蚤澡找沼　[ㄱ]灶罩笊~漏子（笊篱）召照诏兆

ts‘　[丿]操抄　[ㄟ]曹槽巢　[ㄨ]草騾~狗（母狗）炒吵　[ㄱ]躁糙

s　[丿]臊　[ㄨ]扫嫂　[ㄱ]嗽　[乛]造稍潲邵

k　[丿]高膏篙糕茭　[ㄨ]稿绞搅搞　[ㄱ]告窖觉睡~

k‘　[丿]敲　[ㄨ]考烤　[ㄱ]靠犒铐

ŋ　[ㄟ]熬　[ㄨ]袄懊~恼　[ㄱ]怄　[乛]傲咬偶

x　[丿]蒿　[ㄟ]豪壕毫号动词　[ㄨ]好~坏吼郝　[ㄱ]好喜~耗孝　[乛]浩号名词

Ø　[丿]欧　[ㄨ]呕殴　[ㄱ]奥懊~悔凹

iɵ

p　[丿]膘标彪　[ㄨ]表

p‘　[丿]飘　[ㄟ]瓢嫖　[ㄨ]漂~白　[ㄱ]票漂~亮

m　[ㄟ]苗描　[ㄨ]藐　[ㄱ]渺秒庙妙杪

t　[丿]刁貂雕　[ㄱ]钓吊调腔~　[乛]掉

t‘　[丿]挑~东西　[ㄟ]条调~和　[ㄨ]跳　[乛]调~子（调羹）

l　[ㄟ]疗聊辽镣　[ㄱ]了~结瞭料撂

tɕ　[丿]交郊胶教~书焦蕉椒朝今~招骄娇浇　[ㄨ]狡铰搅剿缴饺　[ㄱ]教~育较醮叫

tɕ‘　[丿]锹缲超　[ㄟ]朝~代潮乔侨桥荞　[ㄨ]巧　[ㄱ]俏鞘窍　[乛]赵兆

　　　　轿　[·]悄静~~

ȵ　[˩]饶　[˧]扰绕　[˥]尿~素谬鸟

ç　[˩]消宵霄硝销烧枵嚣萧箫淆韶　[˧]小少多~晓　[˥]校~对酵孝笑
　　少~年　[˥]效校学~绍

ø　[˩]妖邀腰要~求幺~二三　[˩]摇谣窑姚尧　[˧]舀　[˥]要想~跃
　　[˥]耀鹞

ə

p　[˩]帮邦浜　[˧]榜绑　[˥]谤棒

p‘　[˩]胖肿　[˩]滂旁螃庞　[˥]傍胖

m　[˧]忙芒~种；麦~茫盲　[˧]莽　[˥]蟒网忘望

f　[˩]荒慌方芳　[˧]肪妨房防　[˧]谎纺仿访　[˥]放

v　[˩]汪　[˧]黄簧皇蝗亡王　[˧]枉往　[˥]晃妄望旺

t　[˩]当~时　[˧]党挡　[˥]当典~

t‘　[˩]汤蹚　[˧]堂棠螳唐糖塘　[˧]倘躺　[˥]烫趟　[˥]荡宕

l　[˩]囊郎廊狼螂瓤榔　[˥]浪朗攘

ts　[˩]赃脏不净张庄装章樟桩　[˥]葬藏西~脏五~壮障瘴

ts‘　[˩]仓苍疮昌菖窗　[˧]藏隐~　[˧]闯　[˥]创唱倡脏五~　[˥]状撞

s　[˩]桑丧婚~霜孀商伤双成~；~胞胎　[˧]床尝裳　[˧]磉嗓爽赏偿
　　[˥]丧~失畅　[˥]上~山；~面尚绱

k　[˩]冈岗刚纲钢缸江　[˧]讲港　[˥]杠降下~虹起~

k‘　[˩]康糠　[˧]扛　[˧]慷　[˥]抗炕囥藏

x　[˩]夯　[˧]行~列航杭降投~房　[˥]项~圈巷

iə

l　[˩]良凉量~长短粮梁樑　[˧]两~个；斤~　[˥]亮谅辆量数~

tç　[˩]将~来浆疆僵姜缰　[˧]蒋奖桨长生~涨掌　[˥]酱将大~帐账胀幛
　　强偏~

tç‘　[˩]枪羌腔　[˧]详长~短肠场₁常强~大　[˧]抢场₂厂　[˥]畅　[˥]
　　丈仗

ŋ̩　[˥]娘　[˧]酿让仰壤

ɕ　[˩]相互~箱厢湘襄镶香乡　[˥]墙祥　[˩˧]想饷享响　[˧]相~貌向
　　[˧]匠象像橡项~链

ø　[˩]央秧殃　[˥]羊洋烊杨阳扬疡　[˧]养痒样

uə

k　[˩]光　[˩˧]广　[˧]逛

k'　[˩]匡筐眶　[˥]狂　[˧]旷况矿

o

p　[˩]波菠玻　[˩˧]跛
p'　[˩]坡　[˥]婆　[˧]破
m　[˩]摸　[˥]魔磨~刀摩馍模膜　[˧]墓慕募磨~子捵
t　[˩]多都~是　[˩˧]朵躲
t'　[˩]拖　[˥]驼驮抱　[˩˧]妥椭　[˧]舵大驮量词, 摞
l　[˩]啰　[˥]罗锣箩萝骡螺脶　[˩˧]挪庰　[˧]糯
ts　[˩˧]左佐　[˧]做
ts'　[˩]搓　[˧]锉措错
s　[˩]蓑梭唆　[˩˧]锁所唢　[˧]坐座
k　[˩]歌哥锅　[˩˧]果裹馃　[˧]个过
k'　[˩]科窠棵颗　[˩˧]可~以　[˧]课
ŋ　[˥]蛾鹅俄讹　[˧]饿　[˧]我
x　[˥]河何荷和~气禾　[˩˧]火伙可~是（是不是）　[˧]贺货祸　[˧]和~
　　面
ø　[˧]阿倭窝　[˧]卧

ɔ

p　[˩]巴芭疤　[˩˧]把　[˧]霸坝罢
p'　[˥]耙~子爬　[˧]怕　[˧]耙~地秭　[·]琶杷

m　　[⌐]妈乳房　[ㄱ]麻蟆冇　[⌐]马码蚂

f　　[⌐]花

v　　[⌐]挖~洞　[ㄱ]华中~；姓划~拳桦　[⌐]洼　[⌐]化画话

t　　[⌐]□~嘴巴（张嘴）

l　　[⌐]哪

ts　[⌐]查姓渣楂抓爹　[𝖵]爪拃　[ㄱ]诈榨炸~弹乍蔗

ts'　[⌐]叉差~不多；出~车马~　[ㄱ]茶搽茬查调~　[𝖵]扯　[ㄱ]权岔　[⌐]
栅遮

s　　[⌐]沙纱赊　[ㄱ]蛇畲姓　[𝖵]舍~得傻　[ㄱ]麝舍宿~犆母牛晒　[⌐]社

k　　[⌐]家加嘉稼佳　[𝖵]假真~；放~贾姓　[⌐]架驾嫁价

k'　[ㄱ]搭捉

ŋ　　[ㄱ]牙芽衙崖　[⌐]瓦

x　　[⌐]虾　[ㄱ]霞瑕蛤　[⌐]下厦~门夏

∅　　[⌐]丫桠　[ㄱ]伢　[𝖵]雅哑　[ㄱ]亚凹

iɔ

t　　[⌐]爹~~（父亲）

tɕ　[ㄱ]借

ȵ　　[ㄱ]惹

ɕ　　[⌐]靴　[ㄱ]邪斜　[𝖵]写　[ㄱ]泻　[ㄱ]谢

∅　　[⌐]耶~稣　[⌐]野夜

uɔ

k　　[⌐]瓜　[𝖵]寡剐　[ㄱ]挂卦

k'　[⌐]夸　[𝖵]侉垮胯　[ㄱ]跨

ei

p　　[⌐]杯碑悲　[𝖵]别禁止词　[ㄱ]背手~褙　[ㄱ]被~打

p'　[⌐]胚　[ㄱ]培陪赔裴　[ㄱ]配俳　[ㄱ]辈背后~；~书倍佩焙箥

m　[ㄐ]梅枚媒煤霉　[ㄱ]每妹美

f　[ㄐ]恢灰

v　[ㄐ]回　[ㄒ]讳　[ㄱ]汇溃~脓会开~；~做绘惠慧随

t　[ㄐ]呆堆　[ㄒ]对碓队兑

t'　[ㄐ]胎梯推　[ㄐ]台抬　[ㄥ]腿　[ㄒ]贷退蜕　[ㄱ]待怠代袋

l　[ㄐ]来雷　[ㄥ]累~积垒　[ㄱ]内累~人；连~类里

ts　[ㄐ]灾栽　[ㄥ]宰载　[ㄒ]再最

ts'　[ㄐ]猜催崔　[ㄥ]彩采　[ㄒ]菜蔡

s　[ㄐ]腮鳃　[ㄐ]才材财裁　[ㄒ]赛碎税帅　[ㄱ]罪在

k　[ㄐ]该　[ㄐ]渠他（少用）　[ㄥ]改给　[ㄒ]概溉盖

k'　[ㄐ]开　[ㄥ]凯慨

ŋ　[ㄐ]呆捱　[ㄱ]碍艾外

x　[ㄐ]渠他　[ㄥ]海　[ㄱ]亥害

ø　[ㄥ]这　[ㄒ]爱

ã

p　[ㄐ]班斑颁扳　[ㄥ]板版　[ㄒ]扮半

p'　[ㄐ]攀　[ㄐ]爿屁股~子　[ㄒ]襻　[ㄱ]瓣办

m　[ㄐ]蛮馒　[ㄱ]慢晚~娘

f　[ㄐ]帆藩~国翻番　[ㄐ]烦藩曾国~矾繁　[ㄥ]反　[ㄒ]泛贩　[ㄱ]犯

v　[ㄐ]豌弯湾　[ㄐ]凡玩顽还~原环完　[ㄥ]晚~辈挽碗　[ㄱ]范饭万

t　[ㄐ]担~任丹单~独　[ㄥ]胆掸　[ㄒ]担挑~旦但

t'　[ㄐ]坍滩摊　[ㄐ]谭谈痰檀弹~琴　[ㄥ]毯坦　[ㄒ]炭叹　[ㄱ]淡弹子~蛋

l　[ㄐ]蓝篮难~易兰拦栏　[ㄥ]览揽榄缆　[ㄒ]滥难遭~懒烂

ts　[ㄥ]斩盏展　[ㄒ]站立蘸赞瓒溅绽

ts'　[ㄐ]参掺餐　[ㄐ]惭馋残　[ㄥ]惨铲产　[ㄒ]暂灿栈攒　[ㄱ]赚站车~

s　[ㄐ]三杉衫珊山删　[ㄥ]陕闪散松~伞产~妇　[ㄒ]散分~疝

k　[ㄐ]监~视搛艰间空~奸　[ㄥ]减碱检秆简拣感赶　[ㄒ]间~断谏涧

k'　[ㄐ]堪龛鹌刊铅~笔　[ㄐ]乾　[ㄥ]砍　[ㄒ]嵌舰

ŋ　[ㄐ]檐颜　[ㄒ]堰　[ㄱ]眼雁谚俺

x　　[↗]含函咸衔闲寒　[↘]喊　[¬]撼苋~菜陷

Ø　　[↓]淹　[⌐]晏~公老爷

iã

p　　[↓]鞭编边　[↘]贬蝙扁匾　[⌐]变遍一~

p'　　[↓]篇偏　[↗]便~宜　[↘]骗遍~地片　[¬]辨辩汴便方~辫

m　　[↗]绵棉缅眠　[↘]勉娩闽免　[¬]面免

t　　[↓]掂颠　[↘]点典　[⌐]店　[¬]佃

t'　　[↓]添天　[↗]甜田填　[↘]舔　[⌐]掭　[¬]簟席电殿奠垫

l　　[↗]廉镰帘连联怜莲　[↘]敛　[¬]练炼楝恋脸猪~疯（癫痫）

tɕ　　[↓]尖兼煎肩坚　[↘]检俭柬剪茧趼笕　[¬]鉴渐剑铜箭践饯犍建键健腱荐见

tɕ'　　[↓]歼签谦迁笺千牵锨　[↗]钳　[↘]浅遣　[⌐]欠芡歉　[¬]件

ȵ　　[↗]黏鲇言年研元原源　[↘]碾　[¬]染验念砚软愿

ɕ　　[↓]仙鲜新~轩掀先宣籼　[↗]潜嫌钱前贤弦旋~转颧悬全泉　[↘]险鲜朝~癣显选　[¬]限线羡宪献现出~眩　[¬]旋~吃~做县

k　　[↓]捐　[↘]卷~起　[¬]眷卷考试~券倦疲劳

k'　　[↓]圈　[↗]拳权蜷颧　[↘]犬　[¬]劝

Ø　　[↓]淹焉烟冤渊　[↗]炎盐名词阎檐严然燃延筵圆员缘沿阮袁辕园援　[↘]掩魇演　[⌐]厌燕咽宴怨　[¬]艳焰盐动词院远

uã

k　　[↓]鳏关宣　[¬]贯惯蹡₂跌

k'　　[¬]蹡₁跌贯扣子~（扣襻儿）

ən

p　　[↓]奔崩　[↘]本

p'　　[↓]烹喷~水　[↗]盆彭膨　[¬]笨

m	[˩]门蚊明~朝　[˥]闷
f	[˩]昏婚分芬纷荤　[˧]焚坟　[˦]粉　[˥]混粪奋愤忿　[˨]份
v	[˩]温瘟　[˧]魂馄浑文纹蚊闻　[˦]稳吻　[˥]问
t	[˩]墩蹲登灯　[˧]饨　[˦]等戥　[˥]顿盾凳镫邓瞪
tʻ	[˩]吞　[˧]屯豚腾誊藤囤动词　[˥]盾钝遁囤稻~
l	[˧]仑伦沦轮能垄　[˨]嫩论~语;议;冷
ts	[˩]针斟珍臻真尊遵曾姓增憎征蒸争筝睁贞侦征　[˦]枕怎诊疹准拯整　[˨]镇阵振震证症郑正~确政
tsʻ	[˩]村椿春称~呼撑　[˧]沉参~差岑陈尘臣存曾~经层澄惩橙乘承丞呈程成城诚　[˦]蠢逞　[˨]趁衬寸称相~掌
s	[˩]森参人~深身申伸孙僧升生牲声　[˧]什~么神辰晨唇纯醇绳娠鹑　[˦]沈怎审婶损省~长;节~;反~　[˥]渗舜胜圣　[˨]甚肾慎顺赠剩
k	[˩]今跟根更~换庚耕　[˦]粳哽耿梗埂　[˨]更~高
kʻ	[˩]坑　[˦]恳垦啃肯
ŋ	[˨]硬软~
x	[˩]亨　[˧]痕恒衡　[˦]很　[˨]恨
Ø	[˩]恩

in

p	[˩]彬宾槟鬓冰兵　[˦]禀丙秉饼　[˨]殡柄并
pʻ	[˩]姘拼　[˧]贫频凭平坪评瓶屏萍　[˦]品　[˨]聘　[˥]病
m	[˧]民鸣明名铭　[˦]悯　[˨]抿敏命
t	[˩]丁钉名词疔汀　[˦]顶鼎　[˨]钉动词订
tʻ	[˩]厅　[˧]亭停廷庭　[˦]艇挺　[˨]听　[˥]锭定
l	[˩]拎　[˧]林淋临邻鳞磷愣瓦~子（一种药用的蚌壳）陵凌菱灵零铃伶　[˨]吝领岭令另
tɕ	[˩]全金禁~不住襟津巾斤筋京荆惊鲸精晶睛正~月经　[˦]锦紧仅谨景警井颈　[˨]浸禁~止进晋劲俊境敬竞镜竞径觐
tɕʻ	[˩]侵钦亲~人;~家称~重卿清轻青蜻　[˧]寻琴禽擒秦勤芹裙情晴　[˦]寝请　[˨]秤庆　[˧]近　[·]靖李~
ȵ	[˧]人银凝宁安~;~可　[˦]忍　[˨]认润闰你

ç　[˩]心辛新薪欣荀熏勋星腥馨　[˧]旬循巡行~为；品~形型刑乘
　　[˥]笋槔醒　[˨]信衅迅讯训熨兴~旺；高~杏幸性姓　[˧]尽静净

k　[˩]均钧君军　[˧]窘菌郡

k'　[˧]群　[˥]倾顷

Ø　[˩]音阴荫因姻殷鹰莺鹦樱英婴缨　[˧]壬任姓仁人淫寅匀允云迎盈
　　赢萤营　[˥]吟饮隐尹仍影映放~颍泳咏　[˧]刃印应~当；照~映反~
　　洇　[˧]任责~纤引韵运晕孕泳咏

uən

k　[˥]滚　[˧]棍

k'　[˩]昆坤　[˥]捆　[˧]困睏

oŋ

p　[˧]迸

p'　[˧]朋棚篷蓬　[˥]捧　[˧]喷~香

m　[˧]萌盟同~蒙₁憕蠓　[˥]猛盟~誓醵　[˧]孟梦蒙₂

f　[˩]风枫疯讽丰封峰蜂锋　[˧]冯逢缝~衣服　[˧]奉俸　[˧]风缝裂~

t　[˩]东冬　[˥]董懂　[˧]冻栋

t'　[˩]通　[˧]同铜桐童瞳　[˥]桶筒统　[˧]痛　[˧]动洞

l　[˧]笼农脓隆浓龙砻聋　[˧]拢弄

ts　[˩]棕鬃宗综中当~忠终踪钟盅　[˥]总种~类肿　[˧]粽中~计众纵种
　　~树

ts'　[˩]聪匆葱囱充冲春　[˧]丛虫崇从~容；跟~重~复　[˥]宠　[˧]仲
　　铳　[˧]重轻~

s　[˩]松~开嵩　[˧]灰　[˧]送宋诵颂讼

k　[˩]公蚣工功攻弓躬宫恭　[˥]乘拱巩　[˧]贡供~不起；~养

k'　[˩]空~虚　[˥]孔恐　[˧]控空~子　[˧]共

x　[˩]轰烘　[˧]弘宏红洪鸿　[˥]哄~骗　[˧]哄起~

Ø　[˩]翁　[˧]瓮　[˧]五

ioŋ

tɕ· [˧˩]琼穷

ɕ [˩˩]兄胸凶松~树　[˧˩]熊雄

ø [˩˩]雍瘫庸　[˧˩]荣绒融茸容蓉镕　[˩˩]拥勇涌　[˩˩]永毡~毛用佣

iʔ

p [˥]笔毕必弼逼碧壁壁

p· [˥]僻辟劈　[˥]鼻

m [˥]密蜜墨觅

t [˥]的目~滴狄　[˥]嫡

t· [˥]踢剔　[˥]笛敌

l [˥]立笠粒列~宁烈₂栗力历律率效~

tɕ [˥]辑急级杰疾吉橘爵即鲫极戟积迹脊籍藉绩寂击激　[˥]及集

tɕ· [˥]泣七漆讫乞吃　[˥]直值殖植

ȵ [˥]日逆

ɕ [˥]习袭吸泄蝎全~（中药名）悉蟋膝戌恤塞息熄媳识惜昔夕锡析席主~
[˥]席入~食~堂

ø [˥]揖乙一逸域益亦译液腋　[˥]入疫役翼

uʔ

p· [˥]卜₂扑₂

m [˥]木₂

t [˥]逮

k [˥]骨国谷

k· [˥]阔扩

aʔ

p	[˥]八
pʻ	[˥]拔
f	[˥]法乏发头~；~财伐筏罚
v	[˥]挖~地　[˩]滑猾袜
t	[˥]答搭瘩　[˩]<u>达</u>
tʻ	[˥]踏拓塔榻塌獭遏　[˩]<u>达</u>
l	[˩]纳呐腊蜡捺辣瘌邋
ts	[˥]折札扎
tsʻ	[˥]插擦察　[˩]杂闸铡
s	[˥]摄涉萨杀刷说撒~帐煤　[˩]炸油~
k	[˥]夹甲匣~子枪
kʻ	[˥]掐甲指~
x	[˥]匣瞎还~有　[˩]狭峡辖
∅	[˥]鸭押压轧

iaʔ

p	[˥]鳖
pʻ	[˥]憋撇　[˩]别
m	[˥]灭篾
t	[˥]跌
tʻ	[˥]帖贴铁　[˩]迭碟牒谍
l	[˥]猎列一~烈₁裂劣
tɕ	[˥]接捷劫揭节结洁蕨
tɕʻ	[˥]妾切　[˩]截
ȵ	[˥]捏　[˩]聂镊<u>业</u>成家立~热孽阅月
ɕ	[˥]胁协<u>辖</u>薛歇蝎蛇~屑楔雪血　[˩]穴<u>席</u>竹~子
k	[˥]绝决诀
kʻ	[˥]缺屈

Ø　　[˩]业农~噎悦阅　[˥]叶页越曰

uaʔ

k　　[˩]括刮

k'　　[˩]括

ɤʔ

p　　[˩]钵拨不北百柏伯檗

p'　　[˩]泼泊迫拍魄卜₁~卦扑₁　[˥]薄~荷白

m　　[˩]默陌麦脉没~有末沫

f　　[˩]复豁忽佛仿~或惑福幅蝠腹覆　[˥]佛念~核枣~服伏

v　　[˩]握屋　[˥]活物获

t　　[˩]得德

t'　　[˩]脱突秃　[˥]夺特

l　　[˥]粒肋勒

ts　　[˩]蛰执汁指~甲哲辙折~断浙质卒则织职择摘责作只一~；~有　[˥]掷

ts'　　[˩]撮彻撤出侧测拆车策册赤斥尺砍　[˥]侄秩泽贼

s　　[˩]涩湿设折~本虱失室色啬蚀式饰适释　[˥]十什舌石塞实

k　　[˩]鸽割葛阁搁胳格革隔疙嗝

k'　　[˥]咳磕渴刻克客

ŋ　　[˩]扼轭　[˥]额

x　　[˩]哈点头~腰吓~人；恐~合黑赫　[˥]荷薄~盒核~桃

oʔ

p'　　[˩]朴~素；厚~仆前~后继；~人瀑卜萝~

m　　[˩]目穆牧莫寞木₁

t　　[˩]督启底部、根部

t'　　[˩]踱　[˥]毒独读

l　　[˥]鹿录六陆绿碌

ts　　[˩]族竹筑逐轴祝粥足烛嘱浊

ts'　　[˩]畜~牲促触猝叔~伯　　[˥]蜀

s　　　[˩]速肃宿叔~侄淑俗续赎束述　　[˥]熟属塾

k'　　[˩]哭酷窟

ioʔ

tɕ　　[˩]菊橘　　[˥]局

tɕ'　　[˩]曲酒~；歌~

ȵ　　　[˥]匿肉辱

ɕ　　　[˩]畜~牧蓄粟

Ø　　　[˩]欲浴　　[˥]育

ɔʔ

p　　　[˩]博剥驳

p'　　[˩]勃　　[˥]薄厚~

m　　　[˩]没~得莫

v　　　[˩]划　　[˥]划鱼~水

t　　　[˩]沰~湿

t'　　[˩]托庹　　[˥]铎

l　　　[˥]赂诺落烙骆酪洛络乐快~录

ts　　[˩]作着~急酌桌卓琢啄捉镯蚱　　[˥]柞

ts'　　[˩]戳~劈（交合）　　[˥]昨宅

s　　　[˩]索缩　　[˥]凿芍镯

k　　　[˩]各搁郭廓觉~悟角阁

k'　　[˩]确推壳去出~括

ŋ　　　[˩]粤　　[˥]鄂岳五~；姓

x　　　[˩]喝霍藿　　[˥]鹤学

Ø　　　[˩]恶善~

iɔʔ

l　　[˥]略掠

tɕ　　[˥]脚觉感~

tɕʻ　　[˥]怯雀鹊绰却戳确　[˩]着困~：睡着

ȵ　　[˥]若弱虐疟搦

ɕ　　[˥]削　[˩]咋

Ø　　[˥]约　[˩]药钥乐音~

uɔʔ

x　　[˩]彧

m̩

Ø　　[˧]模~子　[˥]亩母拇

n̩

Ø　　[˧]鱼渔儿尼~姑疑泥人老~家　[˥]女语耳拟二尾蚁你　[·]日生~艺手~

第五章　安徽泾县查济方言分类词汇

说　明

1. 本词汇表收录查济方言常用词汇 4000 条左右，大致按意义分为 29 类，密切相关的词意义不一定同类，也放在一起。

2. 每条词目先写汉字，后标读音，估计一般读者较难理解的条目，在音标后加以注释。有些词本身有歧义，或者不止一个义项，注释时分别用圆圈码①②③表示。举例时用"～"复指条目。俗语、谚语等前加三角形△。有的词有新、旧两种读音，在音标后加以说明。

3. 同义词或近义词排在一起。第一条顶格排列，其他各条缩一格另行排列。

4. 条目里可有可无的字和音放在圆括弧里。

5. 有些条目本字不详，写的是同音字。写不出同音字的用方框"□"代替。

6. 分类词表目录

一	天文	十一	身体	二十一	文体活动
二	地理	十二	疾病　医疗	二十二	动作
三	时令　时间	十三	衣服　穿戴	二十三	位置
四	农业	十四	饮食	二十四	代词等
五	植物	十五	红白大事	二十五	形容词
六	动物	十六	日常生活	二十六	副词　介词
七	房舍	十七	讼事	二十七	量词
八	器具　用品	十八	交际	二十八	附加成分等
九	称谓	十九	商业　交通	二十九	数字等
十	亲属	二十	文化教育		

一　天文

日、月、星

太阳 tʻa˥˩ ·iə

朝阳 tɕʻiə˧ iə˧ 向阳

　阳边 iə˧ ·piã

背阴 pʻi˥ in˩

　阴边 in˩ piã˩

日蚀 ȵiʔ˥ sɤʔ˥

　天狗吃日 tʻiã˩ ky˩ tɕʻiʔ˥ ȵiʔ˥

日晕 ȵiʔ˥ ·in

阳光 iə˧ kuə˩

月亮 ȵiaʔ˥ liə˥

月蚀 ȵiaʔ˥ sɤʔ˥

　天狗吃月 tʻiã˩ ky˩ tɕʻiʔ˥ ȵiaʔ˥

月晕 ȵiaʔ˥ ·in

星 ɕin˩

北斗星 pɤʔ˥ ty˥˩ ɕin˩

天亮晓星 tʻiã˩ liə˥ ɕiə˥˩ ɕin˩ 启明星

银河 ȵin˧ xo˧

　天河 tʻiã˩ xo˧

懒星移窠 lã˥ ɕin˧ i˧ kʻo˧ 流星

条把星 tʻiə˥˩ pa˥˩ ɕin˩ 彗星

风、云、雷、雨

风 foŋ˩

大风 tʻa˥ foŋ˩

狂风 kʻuə˧ foŋ˩

台风 tʻei˥˩ ·foŋ

小风 ɕiə˥˩ ·foŋ

旋风 ɕiã˩ ·foŋ

顶风 tin˥˩ foŋ˩

顺风 sən˩ foŋ˩

刮风 kuaʔ˥ foŋ˩

　起风 tɕʻi˥˩ foŋ˩

风停下了 foŋ˩ tʻin˥˩ (x) ɔ˥ ·lɤʔ

　风歇了 foŋ˩ ɕiaʔ˥ ·lɤʔ

云 in˧

黑云 xɤʔ˥ in˧

霞 xɔ˧

早霞 tsɔ˥˩ xɔ˧

晚霞 vã˥˩ xɔ˧

雷 lei˧

打雷 ta˥˩ lei˧

雷打了 lei˧ ta˥˩ ·ɔ

扯闪亮 tsʻɔ˥˩ ɕiã˥˩ liə˥ 闪电

雨 vi˥˩

落雨 lɔ˥ vi˥˩ 下雨

下点了 xɔ˥ tiã˥˩ ·lɤʔ 掉点了

小雨 ɕiə˥˩ vi˥˩

蒙蒙雨 moŋ˧ moŋ˥˩ vi˥˩ 毛毛雨

大雨 tʻo˥ vi˥˩

暴雨 pʻə˥ vi˥˩

出龙 tsʻɤʔ˥ loŋ˧ 山洪暴发

发蛟 faʔ˥ tɕiə˥˩ 发洪水

连阴雨 liã˧ in˩ vi˥˩

雷阵雨 lei˧ tsən˩ vi˥˩

雨停了 vi˥˩ tʻin˥˩ ·ɔ

雨歇了 vi˧ ɕiaʔ˦ ·ɔ
虹 kə˥
洦雨 tɔʔ˧ vi˦ 淋雨

冰、雪、霜、露

冰 pin˩
溜溜的 ly˥˩ ly˥˩ ·tɤʔ 冰锥（挂在屋檐下的）
结冰 tɕiaʔ˦ pin˦
上冻 sə˥ toŋ˦ 比结冰轻
冰雹 pin˩ p·ɵ˥
雪 ɕiaʔ˦
落雪 lɔʔ˧ ɕiaʔ˦ 下雪
鹅毛大雪 ŋo˥˩ mo˦ t·a˥ ɕiaʔ˦ 鹅毛雪
雪沙子 ɕiaʔ˦ sɔ˥ ·tsʅ 雪珠子（米粒状的雪）
雨夹雪 vi˦ kaʔ˦ ɕiaʔ˦
化雪 faʔ˦ ɕiaʔ˦ 雪化了
雪烊了 ɕiaʔ˦ iə˥˩ ·lɤʔ
露 lu˦
下露 xɔ˥ lu˦
霜 sə˩
下霜 xɔ˥ sə˩
雾 u˥
下雾 xɔ˥ u˥˩

气候

天气 t·iã˩ tɕ·i˦
晴天 tɕ·in˥ t·iã˥
阴天 in˥ t·iã˥
（天气）热 ȵiaʔ˦

（天气）冷 lən˥
伏天 fɤʔ˥ t·iã˥
入伏 ȵiʔ˧ fɤʔ˥
初伏 ts·u˥ fɤʔ˥
中伏 tsoŋ˥ fɤʔ˥
三伏 sã˥ fɤʔ˦ 末伏
天旱 t·iã˥ xɛ˩
天干 t·iã˥ kɤ˥
淹了 ã˥ ·lɔ 涝了

二　地理

地

平原 p·in˥ ȵiã˥
畈里 fã˥ li˦
旱地 xɛ˥ t·i˦
水田 ɕi˥˩ t·iã˥
菜地 ts·ei˦ t·i˦
菜园里 ts·ei˦ iã˥ ·li
荒地 fə˥ t·i˦
抛荒 p·o˥˩ fə˥
沙土地 sɔ˥ t·u˥˩ t·i˦
坡地 p·o˥ t·i˦
陡地 ty˥˩ t·i˦
斜地 ɕiɔ˥ t·i˦
山地 sã˥ t·i˦ 山上的农业用地

山

山 sã˩
山腰 sã˥ iɵ˥

山脚 sã˩˥ tɕiɔʔ˥
山谷 sã˩ kuʔ˥
　闹□内 lə˥˩ pɔ˥ lei˥
山涧 sã˩ kã˥
　山沟 sã˩˥ ky˩
山坡 sã˩˥ pʻo˩
山头 sã˩ tʻy˥
山岩 sã˩ ŋɛ˥ 山崖

江、河、湖、海、水

河 xo˥
河里 xo˥˩ ·lei
水渠 ɕi˥˩ tɕy
小水沟 ɕiɵ˥˩ ɕi˥˩ ky˩
湖 u˥
潭 tʻɛ˥
水塘 ɕi˥˩ tʻɛ˥
水坑 ɕi˥˩ kʻən˩
　水端□ ɕi˥˩ tɛ˩ ·pɔ
海 xei˩
河岸 xo˥ ŋɛ˥
河堤 xo˥ tʻi˥
　河埂 xo˥˩ ·kɛ
河坝 xo˥˩ pɔ˥
河滩 xo˥ tʻã˩
水 ɕi˩
清水 tɕʻin˩ ·ɕi
浑水 vən˥˩ ·ɕi
雨水 vi˥˩ ·ɕi
露水 lu˥˩ ·ɕi
洪水 xoŋ˥˩ ·ɕi
发大水 faʔ˥ tʻo˥ ɕi˩

洪峰 xoŋ˥ foŋ˩
凉水 liə˥˩ ·ɕi
　冷水 lən˥˩ ·ɕi
泉水 ɕiã˥ ·ɕi
热水 ȵiaʔ˥ ·ɕi
温水 vən˩ ·ɕi
开水 kʻei˩ ·ɕi
滚水 kuən˥˩ ·ɕi 包括开水、热水

石沙、土块、矿物

石头 sɤʔ˥ ·ly
大石头 tʻo˥˩ sɤʔ˥ ·ly
小石头 ɕiɵ˥˩ sɤʔ˥ ·ly
石板 sɤʔ˥ pã˩
石条 sɤʔ˥ tʻiɵ˥
青石条 tɕʻin˩ ·zɤʔ ·liɵ
麻石条 mɔ˥˩ ·zɤʔ ·liɵ
鹅卵石 ŋo˥˩ lɛ˥˩ sɤʔ
沙子 sɔ˩ ·tsɿ
沙土 sɔ˩ tʻu˩
沙滩 sɔ˩ tʻã˩
土坯 tʻu˥˩ pʻei˩
砖坯 tsɛ˩ pʻei˩
砖 tsɛ˩
青砖 tɕʻin˩ ·tsɛ
磨砖 mo˥˩ ·tsɛ 砖上有花的细纹,
　一般做门面用
红砖 xoŋ˥ ·tsɛ
耐火砖 laʔ˥ xo˥˩ tsɛ˩
瓦 ŋɔ˩
碎瓦 sei˥ ŋɔ˩
尘灰 tsʻən˥˩ ·fei 灰尘

灰尘 fei˩ tsʻən˥（少）

烂泥 lã˥˩ ɳ˥

干土 kɛ˩ ·tʻu

金 tɕin˩

银 ɳin˥

铜 tʻoŋ˥

铁 tʻiaʔ˥

锡 ɕiʔ˥

煤 mei˥

煤油 mei˥˩ y˥

　洋油 iə˥ ·y

汽油 tɕʻi˥˩ ·y

石灰 sɤʔ˥ fei˩˥

管灰 kuɛ˥˩ fei˩ 纯度高的石灰

石膏灰 sɤʔ˥ ·kə fei˩ 做豆腐用

水泥 ɕi˥˩ ɳ˥

　洋灰 iə˥˩ fei˩

磁石 tsʻɿ˥˩ ·zɤʔ

　吸铁石 ɕiʔ˥ tʻiaʔ˥ sɤʔ˥

玉 y˥

木炭 mo˥ tʻã˥

城乡处所

地方 tʻi˥˩ fə˩ 他是什么~人

城里 tsʻən˥˩ ·lei 城市（对乡村
　而言）

城墙 tsʻən˥ ɕiə˥

壕沟 xɵ˥˩ ky˩˥

城里 tsʻən˥˩ li˩ 城内

城外 tsʻən˥˩ ŋei˩

城门 tsʻən˥˩ mən˥

巷弄 xə˥˩ ·loŋ 胡同

乡下 ɕiə˩ xɔ˩ 乡村（对城市而
　言）

农村仂 loŋ˥ tsʻən˩ ·lei

山边闹 sã˥˩ piã˩ ·lə 山沟（偏
　僻的山村）

山闹□内 sã˥˩ lə˥˩ pɔ˥ lei˩

家乡 kɔ˩ ɕiə˩

街道 ka˩ tʻɵ˩

路 lu˩

大路 tʻa˥˩ lu˩

小路 ɕiə˥˩ lu˩˥

三　时令　时间

季节

春天 tsʻən˩ tʻiã˩

暖天 lɛ˩ tʻiã˩ 夏天

秋天 tɕʻy˩ tʻiã˩

冬天 toŋ˩ tʻiã˩

立春 liʔ˥ tsʻən˩

雨水 vi˩˥ ·ɕi

惊蛰 tɕin˩ tsɤʔ˥

春分 tsʻən˩ fən˩

清明 tɕʻin˩ ·min

谷雨 kuʔ˥ vi˩

立夏 liʔ˥ xɔ˩

小满 ɕiə˥˩ mɛ˩

芒种 mə˥˩ tsoŋ˩

夏至 xɔ˩ tsɿ˩

小暑 ɕiə˥˩ tsʻu˩

大暑 tʻo˩ tsʻu˩

立秋 li?˥ tɕˑy˩

处暑 tsˑu˩ tsˑu˧

白露 pˑɤ?˥ lu˥

秋分 tɕˑy˩ fən˧

寒露 xã˥˩ lu˥

霜降 sə˩ kə˧

立冬 li?˥ toŋ˩

小雪 ɕiɵ˥˩ ɕia?˧

大雪 tˑa˥˩ ɕia?˧

冬至 toŋ˩ tsɿ˥

小寒 ɕiɵ˥˩ xɤ˥

大寒 tˑa˥ ·xɤ

历书 li?˥ su˥˩

农历 loŋ˧˥ li?˥
　阴历 in˩ ·li?

阳历 iɵ˧˥ li?˥

节日

三十晏上 sã˩ ·zɤ ?ɜ˧˥ ·lə 年
　三十晚上

三十夜 sã˩ ·zɤ ɕi˥

老祖宗下架 lə˩ tsu˥˩ tsoŋ˩ xɤ˥
　kɔ˩ 腊月二十四

掸灰尘 tã˥˩ fei˩ tsˑən˥ 腊月二十
　三以后，单日掸灰尘

谢年 ɕiɔ˩ n̠iã˥ 谢天地、谢祖宗
　（年三十除夕饭之后，老人带儿
　孙谢天地）

初一 tsˑu˩ i?˥ 大年初一

开门 kˑei˩ mən˥ 大年初一早晨的
　开门仪式（凌晨两三点，一般是
　儿孙拜天地，东西南北拜一圈，

放鞭炮）

拜年 pa˩ n̠iã˥

正月十五 tɕin˩ ·n̠ia? sɤ?˥ oŋ˩
　元宵节

五月端午 oŋ˥˩˥ n̠ia?˥ tɛ˩ u˥
　端午节 tɛ˩ u˥ tɕia?˥

中秋节 tsoŋ˩ tɕˑy˩ tɕia?˥

年

今年 kən˩ ·n̠iã

去年 tɕˑy˥˩ ·n̠iã

明年 mən˧˥ ·n̠iã

前年 ɕiã˧˥ ·n̠iã

大前年 tˑa˥ ɕiã˧˥ ·n̠iã

往年 və˧˥ ·n̠iã

后年 ɕy˧˥ ·n̠iã

大后年 tˑa˥ ɕy˧˥ ·n̠iã

每年 mei˥˩ n̠iã˥

年初 n̠iã˥ tsˑu˩
　年头 n̠iã˥ tˑy˥

年中 n̠iã˧˥ tsoŋ˩

年尾 n̠iã˧˥ vi˥ 年底

上半年 sə˥˩ pɜ˧ ·n̠iã

下半年 xɔ˥˧ pɜ˧ ·n̠iã

整年 tsən˥˩ n̠iã˥

月

正月 tɕin˩ ·n̠ia?

腊月 la?˥ n̠ia?˥

闰月 n̠in˩ n̠ia?˥

月初 n̠ia?˥ tsˑu˩

月半 n̠ia?˥ pɜ˧

月底 ȵiaʔ˥ ti˩

　月尾 ȵiaʔ˥ vi˩

一个月 iʔ˥ ko˥ ȵiaʔ˥

前个月 ȵiã˧ ko˥ ȵiaʔ˥

上个月 sə˩ ko˩ ȵiaʔ˥

这个月 ei˩ ko˩ ȵiaʔ˥

那个月 kei˥ ko˩ ȵiaʔ˥

下个月 xɔ˩ ko˩ ȵiaʔ˥

每月 mei˩ ȵiaʔ˥

上旬 sə˩ ɕin˧

中旬 tsoŋ˩ ɕin˧

下旬 xɔ˩ ɕin˧

大月 tʰo˥ ·ȵiaʔ 农历三十天的月份

小月 ɕiɵ˥ ·ȵiaʔ 农历二十九天
　的月份

日、时

今朝 kən˩ tɕiɵ˩ 今天

昨日朝 ɕiɔʔ˥ ·ȵ tɕiɵ 昨天

明朝 mən˧ ·tɕiɵ ①明天②第二
　天

后朝 ɕy˧ ·tɕiɵ 后天

外后朝 ŋa˥ ɕy˧ ·tɕiɵ 大后天

前朝 ɕiã˧ ·tɕiɵ 前天

前前朝 ɕiã˧ ɕiã˧ ·tɕiɵ 大前天

前几天 ɕiã˧ tɕi˩ tʰiã˩

星期天 ɕin˩ tɕʰi˥ tʰiã˩

一星期 iʔ˥ ɕin˩ ·tɕʰi

整天 tsən˥ tʰiã˩

每天 mei˥ tʰiã˩

十几天 sɤʔ˥ tɕi˥ tʰiã˩

上朝 sə˩ tɕiɵ˩ 上午

下朝 xɔ˩ tɕiɵ˩ 下午

半天 pɛ˩ tʰiã˩

大半天 tʰa˧ pɛ˩ tʰiã˩

蒙丝亮 moŋ˩ sɿ˩ liɵ˩ 天快亮的
　时候

中饭前 tsoŋ˩ ·vɛ ɕiã˧ 午前

中饭 tsoŋ˩ ·vɛ 中午

中饭后 tsoŋ˩ ·vɛ ɕy˩ 午后

白天 pʰɤʔ˥ ·tʰiã

擦擦黑 tsʰaʔ˥ tsʰaʔ˥ xɤʔ˥ 黄昏

晏上 ɛ˩ ·lə 夜晚

半夜 pɛ˩ ci˩

上半夜 sə˩ pɛ˩ ci˩

下半夜 xɔ˩ pɛ˩ ci˩

整夜 tsən˥ ci˩

每天晏上 mei˥ tʰiã˩ ɛ˩ ·lə 每
　天晚上

其他时间概念

年份 ȵiã˧ ·fən

月份 ȵiaʔ˥ ·fən

日子 ȵiʔ˥ ·tsɿ

什么时候 sən˧ ·mɤʔ sɿ˧ ɕy˥

先前 ɕiã˩ ·ɕiã

后来 ɕy˩ lei˧

现在 ɕiã˩ sei˩

四　农业

农事

春耕 tsʰnɛ˩ kən˩

夏收 xɔ˥ ɕy˩

秋收 tɕʻy˩ ɕy˩

早秋 tsɵʌ˥ tɕʻy˩

晏秋 ɛ˥ tɕʻy˩ 晚秋

挪地 lo˥ tʻi˩ 整地

下种 xɔ˥ tsoŋ˩

栽秧 tsei˩ iə˩ 插秧

薅草 xɛ˥ tsʻɵ˥ 旱地除草

耘田 in˩ tʻiã˩ 水田除草

稻叼子 tʻɵ˩ tiɵ˩ ·tsɿ 稻穗

割稻 kɤʔ˥ tʻɵ˩

割麦 tɕʻɤʔ˥ mɤʔ˥

稻场 tʻɵ˩ tɕiɵ˥

挖地 vaʔ˩ tʻi˩ ①锄地②松土

下肥 xɔ˥ fi˩ 施肥

浇粪 tɕiɵ˩ fən˩

东司缸 toŋ˩ sɿ˥ kə˩ 粪缸

粪窖 fən˩ kə˩

积肥 tɕiʔ˥ fi˩

拣粪 tɕiã˥ fən˩ 拾粪

粪肥 fən˩ fi˩

化肥 fɔ˥ fi˩

尿素 sei˩ su˩

磷肥 lin˩ fi˩

浇水 tɕiɵ˩ ɕi˥

灌水 kuɛ˩ ɕi˥ 灌溉

排水 pʻa˩ ɕi˥

打水 ta˥ ·ɕi 汲水

水井 ɕi˥ tɕin˥

农具

水桶 ɕi˥ tʻoŋ˥ 汲水用的木桶

井索 tɕin˥ tʂʻɔʔ˥ 井绳

水车 ɕi˥ tsʻɔ˩

独轮车 tʻoʔ˥ lən˩ tsʻɔ˩

板车 pã˩ tsʻɔ˥ 用手拉的

牛轭头 ŋy˩ aʔ˥ ·ly

套笼子 tʻɵ˥ loŋ˩ ·tsɿ 牛笼嘴

牛鼻子 ŋy˩ pʻiʔ˥ ·tsɿ 牛鼻棬儿
　（穿在牛鼻子里的木棍儿或铁环）

犁 li˩

犁身 li˩ sən˩
　犁底 li˩ ti˩

犁尾巴 li˩ mi˩ ·pɔ 犁把
　犁屏 li˩ tiɵ˥

犁壁 li˩ piʔ˥ 犁铧

犁扁担 li˩ piã˥ ·tã

犁头 li˩ ·ly 犁尖

耙 pʻɔ˩

耖 tsʻɵ˩

囤 tʻən˩ 存放粮食的器具，竹编

风扇 foŋ˩ ·sɛ 扇车（使米粒跟谷
　壳分离的农具）

石磙 sɤʔ˥ ·kuən 圆柱形，用来轧
　谷物，平场地

砻子 loŋ˩ ·tsɿ 脱去稻谷外皮的
　农具

磨子 mo˥ ·tsɿ 石磨

磨担 mo˩ ·tã 磨把儿

磨眼睛 mo˩ ŋã˩ ·tɕin 磨眼儿

磨心 mo˩ ɕin˩ 磨扇中心的铁轴

磨耳朵 mo˩ n̩˩ ·to

磨凳 mo˩ tən˩ 磨架

筛的 sa˩ tɤʔ˥ 筛子（筛稻、米用

的）

浪筛 lə˥˩ sa˩ 去草去杂物用的筛子

糠筛 k'ə˩ sa˩ 眼小的筛子

米筛 mi˥˩ sa˩ 眼大的筛子

罗筛 lo˥ sa˩ 眼极细，筛粉末状细物用的器具

连枷 liã˥˩ ·kɔ

碓 tei˥

水碓 çi˥˩ tei˥

脚碓 tçiɔʔ˥ tei˥

碓头 tei˥ t'y˥ 碓杵

碓窝子 tei˥ o˩ ·tsʅ

铁钯 t'iaʔ˥ pɔ˥ /t'iaʔ˥ vɔ˥ 拢草用

笃田忙 toʔ˥ t'iã˥˩ ·mə 整田埂用

羊角 iə˥˩ kɔʔ˥ 镐（刨硬地用，一头尖形，一头扁小）

锄头 su˥˩ ·ly 锄

薅锄 xɛ˥˩ ·zu 锄草用

板锄 pã˥˩ ·zu 挖地、铲埂用

挖锄 vaʔ˥ ·zu 挖硬地用，扁长形

铡刀 ts'aʔ˥ ·tθ

镰刀 liã˥˩ ·tθ

草刀 ts'ɵ˥˩ ·tθ 割草用

柴刀 sa˥˩ ·tθ 砍刀（用来劈开或剁断木柴的刀）

弯刀 vã˩ ·tθ 砍柴用

半弯刀 pɛ˥˩ vã˩ ·tθ 割草、砍柴用

稻锹 t'ə˩ tç'iã˩ 木锹

铁锹 t'iaʔ˥ tçiə˩

畚算 pən˥˩ ·sɛ 簸箕（盛粮食用）

簟垫 tã˥˩ ·liã 晒粮用大竹席

考 k'ə˥ 晒粮用小竹匾

月盘 ȵiaʔ˥ ·vɛ 中型竹匾

团箕 t'ɛ˥˩ ·tçi 大型竹匾

稻仓 t'ə˩ ts'ə˩

垃圾畚算 lɤʔ˥ ts'ɤʔ˥ pən˥˩ ·sɛ 撮箕（撮垃圾用）

垃圾 lɤʔ˥ ts'ɤʔ˥

方笋 fə˩ lo˥ 方筐

笋 lo˥

扁担 piã˥˩ ·tã

打杵 ta˥˩ ·ts'u 挑担休息时支撑扁担的木棍

扁担键子 piã˥˩ ·tã tçiã˥˩ ·tsʅ 扁担两头起固定作用的小木棍

扁担掌子 piã˥˩ ·tã ts'ən˥ ·tsʅ

挑担子 t'iə˩ tã˥˩ ·tsʅ

条把 t'iə˥˩ ·pɔ 扫帚

五　植物

农作物

庄稼 tsə˩ kɔ˥

粮食 liə˥˩ ·zɤʔ

五谷 oŋ˥˩ ku˥

麦子 mɤʔ˥ ·tsʅ

大麦 t'ɤ˥˩ mɤʔ˥

小麦 çiə˥˩ mɤʔ˥

荞麦 tɕ'iə˧˥ mɤʔ˧

（小）麦桩子（ɕiə˞ ）mɤʔ˧ tsə˩ ·tsɿ 麦茬儿

小米 ɕiə˧˩ ·mi

粟米 ɕioʔ˧ mi˥ 谷子（兼指植株和子实）

六谷子 loʔ˧ kuʔ˧ ·tsɿ 玉米

芦稷 lu˧˥ ·tɕi 高粱

稻 t'ɵ˥ 兼指植株和子实

糯稻 lo˧˥ ·lə

籼稻 ɕiã˩ ·lə

粳稻 kən˥ ·lə

早稻 tsɵ˥ ·lə

中稻 tsoŋ˩ ·lə

晚稻 vã˩ ·lə

稗子 p'ɔ˥ ·tsɿ

半粒子 pɛ˧ lɤʔ˧ ·tsɿ 秕子 瘪壳 piaʔ˧ k'ɔʔ˧

米 mi˥

糯米 lo˧˥ mi˥

籼米 ɕiã˩ mi˥ 米粒长而细，黏性小

早稻米 tsɵ˥ ·lə mi˥

晚稻米 vã˩ ·lə mi˥

糙米 ts'ɵ˩ mi˥ 去壳后有皮的米

白米 p'ɤʔ˧ mi˥ 经过舂碾的米

棉花 miã˧ ·fɔ

棉花桃 miã˧ ·fɔ t'ɵ˧

麻秆 mɔ˧ ·kɛ

六麻 loʔ˧ ·mɔ 淡黄色麻，搓麻绳用

脂麻 tsɿ˩ ·mɔ 芝麻

葵花 k'i˧ ·fɔ 向日葵

葵花子 k'i˧ ·fɔ ·tsɿ

山芋 sã˩ vi˥ 白薯

洋芋头 iə˧ vi˩ ·ly 马铃薯

香芋头 ɕiə˩ vi˧ ·ly 芋头

红心芋头 xoŋ˧ ɕin˧˩ vi˧˥ ·ly

狗芋头 ky˧ vi˧˥ ·ly

毛芋头 mɵ˧ vi˧˥ ·ly

山药 sã˩ ·iɔʔ

藕 ŋy˧

莲蓬子 liã˧ p'oŋ˧ ·tsɿ 莲子

豆类、菜蔬

黄豆 vɵ˧ ·ly

绿豆 loʔ˧ ·ly

黑豆 xɤʔ˧ ·ly

红豆 xoŋ˧ ·ly

豌豆 vã˩ ·ly

角豆 kɔʔ˧ ·ly 豇豆（细长条的）

扁豆 piã˧ ·ly

蚕豆 tsʑɛ˧ ·ly

落苏 loʔ˧ ·su 茄子

黄瓜 vɵ˧ ·kuɔ

菜瓜 ts'ei˧ ·kuɔ

丝瓜 sɿ˧ ·kuɔ

南瓜 lɛ˧ ·kuɔ

冬瓜 toŋ˩ ·kuɔ

菩芦 p'u˧ ·lu 葫芦

瓢子 u˧˥ ·tsɿ

葱 ts'oŋ˩

洋葱 iə˧ ts'oŋ˩

蒜 sɛ˧ 指这种植物

大蒜子 tʰaˉ sɛˉ tsʅˊ 蒜头

蒜苗 sɛˉ mieˊ ①蒜的花茎②青蒜

蒜泥 sɛˉ n̩ˊ

韭菜 tɕyˊ ·tsʻei

韭黄 tɕyˊ vəˊ

苋菜 xãˉ ·tsʻei

西红柿 ɕiˉ xoŋˊ sʅˊ

生姜 sɛˉ tɕiəˉ

灯笼椒 təŋˉ loŋˊ tɕiəˉ 柿子椒

辣椒 laʔˉ tɕiəˉ

尖辣椒 tɕiãˉ laʔˉ tɕiəˉ

望天笑辣椒 məˉ tʰiãˉ ɕiəˉ laʔˉ tɕiəˉ

辣椒粉 laʔˉ tɕiəˉ fənˊ 辣椒面儿

芥菜 kaˉ ·tsʻei

胡椒 uˊ ·tɕiə

菠菜 poˉ ·tsʻei

白菜 pʻɤʔˊ ·tsʻei

包心菜 pəˉ ɕinˉ ·tsʻei 洋白菜（叶子卷成球状的）

小白菜 ɕiəˊ pʻɤʔˊ ·tsʻei

莴笋 oˉ ɕinˊ 指茎部

莴笋叶 oˉ ɕinˊ iaʔˉ

生菜 sənˉ ·tsʻei

芹菜 tɕʻinˊ ·tsʻei

芫荽菜 iãˊ ɕiˊ ·tsʻei 芫荽

蒿子秆 xəˉ ·tsʅ kɤˊ

萝卜 loˊ pʻoʔˉ

糟心 tsəˊ ɕinˉ （萝卜）糠了 空心 kʻoŋˉ ɕinˉ

萝卜缨子 loˊ pʻoʔˉ inˉ ·tsʅ

萝卜菜 loˊ pʻoʔˉ ·tsʻei

萝卜片 loˊ pʻoʔˉ pʻiãˉ 萝卜干儿

胡萝卜 uˊ loˊ pʻoʔˉ

茭瓜 kəˉ ·kuɔ 茭白

油菜 yˊ ·tsʻei 做蔬菜用

菜苔 tsʻeiˉ tʻeiˊ

菜籽 tsʻciˉ tsʅˊ 榨油用

空心菜 kʻoŋˉ ɕinˉ ·tsʻei 蕹菜

荠菜 ɕiˊ ·tsʻei

树木

树 suˉ

树林 suˉ linˊ

树苗 suˉ mieˊ

树干 suˉ kɛˉ

树杪子 suˉ mieˉ ·tsʅ 树梢

树根 suˉ kənˉ

树叶 suˉ iaʔˉ

树桠子 suˉ ·ci ·tsʅ 树枝

栽树 tseiˉ suˉ 种树

砍树 kʻãˊ suˉ 用刀、斧砍树

放树 fəˉ suˉ 用锯子锯树

松树 ɕioŋˉ ·zu

松莫西 ɕioŋˉ moʔˉ ɕiˉ 松针

松树果果的 ɕioŋˉ ·zu koˊ ·ko ·tɤʔ 松球

松香 ɕioŋˉ ɕiəˉ

杉木 sãˉ moʔˉ 杉树

杉木刺 sãˉ moʔˉ tsʻʅˉ 杉针

篙子 kəˉ ·tsʅ

撑竿 tsʻənˉ kɛˉ

桑树 səˉ ·zu

桑树果果的 sə⌐ ∟ ·zu ko⌐ ·ko ·tɤʔ 桑葚儿

桑叶 sə⌐ ∟ ·iaʔ

杨树 iə⌐∟ ·zu

柳树 ly⌐ ·zu

桐子树 t'oŋ⌐∟ ·tsɿ suɿ 桐油树

桐子 t'oŋ⌐∟ ·tsɿ

桐油 t'oŋ⌐∟ ·y

楝树 liã⌐∨ ·zu

竹子 tsoʔɿ ·tsɿ

毛竹 mɵ⌐∟ tsoʔɿ 比较粗大

毛笋 mɵ⌐∟ ·çin

淡竹 t'ã⌐ tsoʔɿ 较粗，常用来做 建筑材料

淡笋 t'ã⌐∟ ·çin

雷竹 lei⌐∟ tsoʔɿ 比较嫩，主要用 来吃笋

雷笋 lei⌐∟ ·çin

紫竹 tsɿ⌐ tsoʔɿ 紫红色，常用来 做笛子等工艺品

紫笋 tsɿ⌐ ·çin

苦竹 k'u⌐∧ tsoʔɿ 实心竹子，结 实，耐腐蚀，笋是苦的

苦笋 k'u⌐ ·çin

水竹 çi⌐ tsoʔɿ 比较软，常用来 编织

水笋 çi⌐ ·çin

节竹 tçiaʔɿ tsoʔɿ 比较硬

节笋 tçiaʔɿ ·çin

石灰竹 sɤʔɿ ·fei tsoʔɿ 野竹子， 笋为石灰色

石灰笋 sɤʔɿ ·fei ·çin

木竹 moʔɿ tsoʔɿ 野生的细竹子

木笋 moʔɿ ·çin

金竹 tçin⌐ tsoʔɿ 较粗，常用来做 建筑材料，颜色发黄

金笋 tçin⌐ ·çin

（竹）笋的 （tsoʔɿ）çin⌐ ·tɤʔ 竹笋（多指春笋）

冬笋 toŋ⌐ ·çin

笋的壳 çin⌐ ·tɤʔ k'ɔʔɿ 笋壳

竹竿 tsoʔɿ kɛ⌐

竹叶 tsoʔɿ iaʔɿ

竹片 tsoʔɿ p'iã⌐ 篾片（竹子劈成 的薄片）

黄篾 və⌐∟ ·miaʔ 篾黄

青篾 tç'in⌐ ·miaʔ 篾青

瓜果

水果 çi⌐∧ ko∨

桃的 t'ɵ⌐∟ ·tɤʔ 桃子

杏的 çin⌐∨ ·tɤʔ 杏子

李子 li⌐ ·tsɿ

苹果 p'in⌐∟ ·ko

枣的 tsɵ⌐∨ ·tɤʔ 枣儿

雪梨 çiaʔɿ ·li 梨

白雪梨 p'ɤʔɿ çiaʔɿ ·li

糠雪梨 k'ə⌐ çiaʔɿ ·li

枇杷 p'i⌐∧ ·pɔ

柿罗 sɿ⌐∧ ·lo 柿子

柿饼 sɿ⌐∨ ·pin

石榴 sɤʔɿ ·ly

柚子 y⌐ ·tsɿ

橘的 tçiʔɿ ·tɤʔ 橘子

柑子 kɛ˥ ·tsɿ

橘的筋 tɕiʔ˥ ·tɤʔ tɕin˩ 橘络
（橘瓣上的丝儿）

金橘 tɕin˩ tɕioʔ˥

橙子 tsʻən˩ ·tsɿ

木瓜 moʔ˥ ·kuɔ

桂圆 ki˥ iã˩ 龙眼

圆眼 iã˩ ·ŋã 龙眼肉

荔枝 li˥ tsɿ˩

芒果 mə˩ ·ko

菠萝 po˥ ·lo

橄榄 kɛ˩ ·lã

白果 pʻɤʔ˥ ·ko 银杏

栗的 liʔ˥ ·tɤʔ 栗子

核桃 xɤʔ˥ ·lə

榧子 fi˥ ·tsɿ

西瓜 ɕi˥ ·kuɔ

瓜子 kuɔ˥ ·tsɿ

荠子 tɕʻi˩ ·tsɿ 荸荠

甘蔗 kɛ˥ ·tsɔ

花生 fɔ˥ ·sən

花生米 fɔ˥ ·sən mi˥

花生皮 fɔ˥ ·nes ·pʻi 花生米外面的红皮

花草、菌类

桂花 ki˩ ·fɔ

菊花 tɕioʔ˥ ·fɔ

梅花 mei˩ ·fɔ

荷花 xo˩ ·fɔ

荷叶 xo˩ ia˥

莲蓬 liã˩ ·pʻoŋ

水仙（花）ɕi˩ ɕiã˥（·fɔ）

茉莉花 mɤʔ˥ li˥ fɔ˩

含羞草 xã˩ ·ɕy ts'ɵ

喇叭花 la˩ ·po ·fɔ 牵牛花

映山红 in˥ sã˩ xoŋ˩ 杜鹃花

芙蓉花 fu˩ ioŋ˩ ·fɔ 指木芙蓉

万年青 vã˩ ɲiã˩ tɕʻin˩

仙人掌 ɕiã˥ ɲin˩ tsɤ˩

花蕾 fɔ˥ ·lei

花瓣 fɔ˥ pʻã˥

花心 fɔ˥ ɕin˩ 花蕊

芦柴 lu˩ za˩ 芦苇

香菇 ɕiə˩ ku˥

蘑菇 mo˩ ku˥

冬菇 toŋ˥ ku˥

青苔 tɕʻin˥ tʻei˩

六　动物

牲畜

牲口 sən˩ ·kʻy

公马 koŋ˥ ·cɔ

母马 m̩˩ ·cɔ

牯牛 ku˩ ·ŋy 公牛

筑牛 tsoʔ˥ ·ŋy 阉过的公牛

牸牛 sɔ˩ ·ŋy 母牛

黄牛 vɔ˩ ·ŋy

水牛 ɕi˩ ·ŋy

小牛 ɕiɵ˩ ·ŋy 牛犊

奶牛 la˩ ŋy˩ 刚生下吃奶的牛

驴 ly˧

公驴 koŋ˩ ly˧

母驴 m̩˥ ly˧

骡 lo˧

骆驼 lɔʔ˥ t'o˧

　骆六 lɔʔ˥ lɔʔ˥　△~背千斤,
　　少了四两不谈心(讥人呆板,
　　不灵活)

绵羊 miã˧ iə˧

山羊 sã˩ ·iə

小羊 çiɵ˩ iə˧　羊羔

狗的 ky˩ ·tɤʔ　狗

公狗 koŋ˩ ·ky

草狗 ts'ɵ˩ ·ky　母狗

小狗 çiɵ˩ ·ky

哈吧狗 xaʔ˥ ·paʔ ky˩

猫 mɵ˩

公猫 koŋ˩ ·mɵ

母猫 m̩˥ ·mɵ

犍猪 tçiã˥ ·tsu　公猪

郎猪 lə˥ ·tsu　种猪

雌猪 ts'ɿ˥ ·tsu　母猪

小猪 çiɵ˩ ·tsu　猪崽

割卵子 kɤʔ˥ lɜ˥ ·tsɿ　阉公猪

消猪 çiɵ˩ tsu˩　阉母猪

兔的 t'u˥ ·tɤʔ　兔子

鸡 tçi˩

公鸡 koŋ˩ tçi˩

　鸡公 tçi˩ koŋ˩

仔鸡公 tsɿ˩ tçi˩ koŋ˩　未成年的
　小公鸡

笋鸡 çin˩ tçi˩　阉鸡(不论公

母)

母鸡 m̩˥ tçi˩

菢鸡 p'uʔ˥ tçi˩　抱窝鸡

小母鸡 çiɵ˩ m̩˥ tçi˩

小鸡 çiɵ˩ tçi˩

鸡蛋 tçi˩ ·t'ã

　鸡子 tçi˩ ·tsɿ

生蛋 sɛ˩ t'ã˩　下蛋

菢 p'uʔ˥　~小鸡

鸡冠冠的 tçi˩ guɛ˩ ·kuɛ ·tɤʔ
　鸡冠

鸡爪子 tçi˩ ·tsɔ ·tsɿ

鸭儿 an˩

公鸭儿 koŋ˩ ·an

母鸭儿 m̩˥ ·an

小鸭儿 çiɵ˩ ·an

鸭蛋 aʔ˥ ·t'ã

鹅 ŋo˧

小鹅 çiɵ˩ ŋo˧

　　　　　鸟、兽

野兽 iɔ˩ ·çy

狮的 sɿ˩ ·tɤʔ　狮子

老虎 lɵ˩ ·fu

母老虎 m̩˥ lɵ˩ ·fu

猴子 çy˩ ·tsɿ

熊 çioŋ˧

豹子 pɵ˩ ·tsɿ

狐狸 u˩ ·li

黄老鼠 və˩ ·lɵ ·tsu　黄鼠狼

老鼠 lɵ˩ ·tsu

蛇 sɔ˧

火篮蛇 xoɣ˥ ·lã so˩

菜花蛇 tsʻei˩˥ ·fɔ so˩

蟒蛇 mə˩˥ ·zɔ

两头蛇 liə˩˥ ·ly so˩

青草蒗 tɕʻin˩ tsʻɵ˩˥ ·pi 青草色，
　有剧毒△~，咬了没药医

五步龙 oŋ˩ pʻu˩ loŋ˩ 短尾，灰
　色，有剧毒

扁嘴巴风 piã˩˥ tɕi˩˥ ·pɔ foŋ˩
　扁嘴蛇

眼镜蛇 ŋã˩˥ ·tɕin so˩

松花蛇 soŋ˩ fɔ˩ so˩ 黄色，无毒

乌蛟蛇 u˩ tɕiɵ˩ so˩ 黑色，无
　毒，体大，可食用

土骨头蛇 tʻu˩˥ kuʔ˥ ·ly so˩ 蝮
　蛇，有毒，土灰色

骨节蛇 kuʔ˥ tɕiaʔ˥ so˩ 银环蛇，
　黑色相间，有毒

公鸡蛇 koŋ˩ tɕi˩ so˩ 能腾空咬
　人，有毒

水蛇 ɕiɣ˥ so˩

蛇时的 so˩˥ ·sʅ ·tɣʔ 蜥蜴

鸟儿 ɲiən˩ / miən˥

老哇 lə˩˥ ·cɔ 乌鸦

丫鹊的 ɔ˩ tɕʻiɔ˥ ·tɣʔ 喜鹊

麻雀的 mɔ˩˥ tɕʻiɔ˥ ·tɣʔ 麻雀

燕的 iã˥˥ ·tɣʔ 燕子

大雁 tʻa˥ ŋã˩

枯枯的 kʻu˩ kʻu˩ ·tɣʔ 斑鸠

鸽的 kɣʔ˥ ·tɣʔ 鸽子

鹌鹑 ɛ˩ sən˩

田鸡 tʻiã˩ tɕi˩ 鹧鸪

布谷鸟 puˑ˥ kuʔ˥ ɲiə˩

　赶早发窠 kɛ˩˥ ·tsɵ faʔ˥ kʻɔ˩

啄木鸟 tsɔʔ˥ moʔ˥ ɲiə˩

猫头鹰 mɔ˩ tʻɣ˩ in˩

　胜骨头 sən˥ kuʔ˥ ·ly

鹦鹉 in˩ u˩

八哥的 paʔ˥ kɔ˩ ·tɣʔ 八哥儿

鹤 xɔʔ˥

老鹰 lə˥ in˩

野鸡 iɔ˩˥ ·tɕi

野鸭儿 iɔ˩ an˩

鱼老哇 ɲ˩˥ lə˩˥ ·cɔ 鸬鹚

鹭鸶 lu˩˥ ·sʅ

檐老鼠 iã˩˥ lə˩˥ ·tsʻu 蝙蝠

翼□ iʔ˥ ·kuã 翅膀

嘴巴 tɕi˥ ·pɔ 鸟类之嘴

鸟窝 ɲiə˩ o˩

虫类

蚕 sɛ˩

约莫的 iɔ˥ moʔ˥ ·tɣʔ 蚕蛹

蚕沙 sɛ˩˥ ·sɔ 家蚕的屎

蛛蛛的 tsu˩ tsu˩ ·tɣʔ 蜘蛛

蚂蚁的 mɔ˩ ɲ˩ ·tɣʔ 蚂蚁

土狗的 tʻu˥ kyɣ˥ ·tɣʔ 蝼蛄

灰鳖虫 fei˩ piaʔ˥ tsʻoŋ˩ 土鳖
　（可入药，又叫地鳖）

雨雄 vi˩ ɕioŋ 蚯蚓

蜗牛 o˩ ɲy˩

推屎虫 tʻei˩ sʅ˩˥ tsʻoŋ˩ 蜣螂

牛蛈 ɲy˩˥ ·koŋ 蜈蚣

蝎子 ɕiʔ˥ ·tsʅ

壁虎的 piʔ˧ fu˥˩ ·tɤʔ 壁虎

毛虫 mɵ˥˧ ·zoŋ

米虫 mi˧ ·zoŋ 米里的米色虫

蚜虫 ŋɿ˥˧ ·zoŋ

苍蝇的 tsˑə˨ min˥˧ ·tɤʔ 苍蝇

蚊的 mən˥˧ ·tɤʔ 蚊子

翻骨头虫 fã˨ kuʔ˧ ·ly tsˑoŋ˥ 子了

虱的 sɤʔ˧ ·tɤʔ 虱子

臭虫 tɕˑy˧˥ ·zoŋ

屹蚤 kɤʔ˧ tsɵ 跳蚤

牛苍蝇的 ȵy˥˧ tsˑə˨ min˥˧ ·tɤʔ 牛虻

蟋蟀的 ɕiʔ˧ ɕiʔ˧ ·tɤʔ 蟋蟀

灶蟋蟀的 tsɵ˧˥ ɕiʔ˧ ɕiʔ˧ ·tɤʔ 灶蟋蟀（状似蟋蟀，常出没于厨房）

油莫莫 y˥˧ mɔʔ˧ mɔʔ˧ 蟑螂

蝗虫 və˥˧ ·zoŋ

蚱蚂的 tsɔʔ˨ mɔʔ˧ ·tɤʔ

大斧老 tˑa˨ ·fu lɵ˨ 螳螂

紧紧的 tɕin˥˩ ·tɕin ·tɤʔ 蝉

江紧紧的 kə˨ tɕin˥˩ ·tɕin ·tɤʔ

油紧紧的 y˧ tɕin˥˩ ·tɕin ·tɤʔ

草紧紧的 tsˑɵ˥˩ tɕin˥˩ ·tɕin ·tɤʔ

蜜蜂 miʔ˧ ·foŋ

马蜂 mɔʔ˧ ·foŋ

叮人 tin˨ ȵin˥ 蜇人

蜂窝 foŋ˥˩ ·o

蜜糖 miʔ˧ ·lə 蜂蜜

萤火虫 in˥ xo˥˩ tsˑoŋ˥

屁腊吾 pˑi˧˥ laʔ˧ ·u 臭大姐

飞蛾 fi˨ ŋo˥ 灯蛾

月月的 ȵia˧˥ ȵia˧˥ ·tɤʔ 蛾子

蝴月月的 u˥˧ ȵia˧˥ ȵia˧˥ ·tɤʔ 蝴蝶

蜻蜓的 tɕin˨ ·min ·tɤʔ 蜻蜓

壳壳的虫 kˑɔʔ˧ ·kˑɔʔ ·tɤʔ tsˑoŋ˥ 瓢虫

鱼虾类

鱼 ŋ˥

鲤鱼 li˧˥ ·n̩

鲫鱼 tɕin˨ ·n̩

鳊鱼 piã˥˩ ·n̩

草鱼 tsˑɵ˥˩ ·n̩

黄鱼 və˥˧ ·n̩

比目鱼 pi˥˩ mɔʔ˧ ·n̩

鳜鱼 ki˥˧ ·n̩

鳗鱼 mɛ˥˧ ·n̩

带鱼 ta˥˩ ·n̩

鲥鱼 sɿ˥˧ ·n̩

鲇鱼 ȵiã˥˧ ·n̩

乌鱼 u˨ ·n̩ 黑鱼

墨鱼 mɤʔ˧ ·n̩

胖头 pˑə˥˩ ·ly 胖头鱼

金鱼 tɕin˨

泥乌鳅子 ni˥˧ u˨ tɕˑy˥˩ ·tsɿ 泥鳅

黄鳝 və˥˧ ·ʒɛ 鳝鱼

干鱼 kɛ˨ ·n̩ 晒干的鱼

鱼鳞 ŋ˥ lin˥

鱼掩子 ŋ˥ iã˥˩ ·tsɿ

鱼刺 ŋɿ˥ ts'ɿ˥
鱼泡 ŋɿ˥ ·p'ə 鱼鳔儿
鱼划水 ŋɿ˥ voʔ˩ çiɔ˥ 鱼鳍
鱼腮 ŋɿ˥ sa˥
鱼子 ŋɿ˥ tsʅ˥
鱼苗 ŋɿ˥ miə˥
钓鱼 tiə˥ ŋɿ˥
钓鱼鞭 tiə˥ ŋɿ˥ piã˩ 钓鱼竿
鱼钩 ŋɿ˥ ky˥
缺箩 k'iaʔ˥ lo˥ 鱼篓儿
鱼网 ŋɿ˥ mə˥
虾 xɔ˥
虾仁 xɔ˥ in˥
虾米 xɔ˥ mi˥
乌龟 u˥ ki˥
团鱼 t'ɛ˥ ·n̩ 鳖
蟹的 xa˥ ·tɤʔ 螃蟹
蟹的黄 xa˥ ·tɤʔ və˥ 蟹黄
蛤蟆的 xɔ˥ ·mɔ ·tɤʔ 青蛙
蛤蟆的样 xɔ˥ ·mɔ ·tɤʔ ·iə 蝌蚪
癞大姑 la˩ t'a ku˥ 蟾蜍
蚂蝗 mɔ˥ ·və
乌揸的 u˥ ·k'a ·tɤʔ ①蛤蜊②蚌
螺蛳 lo˥ ·ʂɿ

七　房舍

房子
住房 ts'u˥ ·fə 住宅
盖房子 kei˥ fə˥ ·tsʅ 造房子

房子 fə˥ ·tsʅ 整座房子
院子 iã˩ ·tsʅ
院子墙 iã˩ ·tsʅ çiə˥ 院墙
烽火墙 foŋ˥ ·xo çiə˥ 防火墙
照壁 tçiə˥ piʔ˥ 影壁
房间 fə˥ ·kã 单间屋子
外间 ŋei˥ ·kã 外屋
内间 lei˥ ·kã 里屋
正房 tsən˥ fə˥
厢房 çiə˥ ·və
堂前 t'ə˥ ·iã 客厅
平房 p'in˥ fə˥
楼房 ly˥ fə˥
洋房 iə˥ fə˥ 钢筋水泥房
楼上 ly˥ ·sə
楼下 ly˥ xɔ˥
门楼子 mən˥ ly˥ ·tsʅ 大门上边
　牌楼式的顶
楼梯 ly˥ ·t'i
梯子 t'ei˥ ·tsʅ
阳台 iə˥ t'ei˥
草房 ts'ə˥ fə˥

房屋结构
屋脊 vɤʔ˥ tçiʔ˥ 房脊
房顶 fə˥ tin˥
　屋顶 vɤʔ˥ tin˥
屋檐 vɤʔ˥ iã˥ 房檐
梁 liə˥
桁条 xə˥ ·liə 檩
椽子 ts'ɛ˥ ·tsʅ
柱子 ts'u˩ ·tsʅ

礓磜 səɣ˥ kˈo˩ 柱下石

台阶 tˈei˥ ka˩

天花板 tˈiã˩ ·fɔ ·pã

正门 tsən˥ ·mən

后门 çy˥˩ ·mən

边门 piã˩ ·mən

户栏 fu˥˩ ·lã 门坎

门后头 mən˥ çy˥˩ ·ly 门扇的后面

门栓 mən˥ sɛ˩

锁 so˥˩

钥匙 iɔʔ˥ ·zu

窗子 tsˈə˩ ·tsɿ

窗台 tsˈə˩ tˈei˥

走廊 tsu˥˩ lə˥

过道 ko˥ tˈθ˩

楼板 ly˥˩ ·pã

其他设施

厨房 tsˈu˥˩ ·və

灶 tsɤ˥

东司 toŋ˩ sɿ˩ 厕所

磨房 mo˥˩ ·və

马棚 mɔ˩ pˈoŋ˥

牛栏 ŋy˥˩ ·lã 牛圈

猪栏 tsu˩ ·lã 猪圈

猪食槽 tsu˩ ·iʔ tsˈθ˥

　猪食盆 tsu˩ ·iʔ pˈə˥

鸡窝 tçi˩ o˩

鸡笼 tçi˩ ·loŋ

鸡罩 tçi˩ tsɤ˩ 竹子编的罩鸡的器具

柴堆 sa˥ tei˩

草堆 tsˈθ˥˩ tei˩

八　器具　用品

一般家具

家具 kɔ˩ ·tçy

柜 kˈi˥ 低矮，无门

橱 tsˈu˥ 较高，有门

大衣柜 tˈa˥ i˩ kˈi˥

大衣橱 tˈa˥ i˩ tsˈu˥

书柜 su˩ kˈi˥

碗橱 vã˥ ·zu

台子 tˈei˥˩ ·tsɿ 桌子

圆台子 iã˥ tˈei˥˩ ·tsɿ 圆桌

方台子 fə˩ tˈei˥˩ ·tsɿ 方桌

条桌 tˈiθ˥ tsɔʔ˥ 一种狭长的桌

办公桌 pˈā˩ koŋ˩ tsɔʔ˥

吃饭的台子 tçiʔ˥ ·vā ·tɤ tˈei˥˩ ·tsɿ 饭桌

台布 tˈei˥ pu˥ 铺在桌面上的布

台衣 tˈei˥ ·i 挂在桌子前面的布

抽屉 tçˈy˩ ·tˈi

椅子 i˥ ·tsɿ

靠椅 kˈθ˥˩ ·i

躺椅 tˈθ˥ ·i

太师椅 tˈa˥˩ ·ʂɿ ·i

椅背 i˥ pei˩ 椅子背儿

椅子横档 i˥ ·tsɿ vɛ˥ tə˩ 椅子凳儿

连凳 liã˦˨ ·tən 板凳，长条形的

方凳 fə˩ ·tən

小板凳 çiɵ˥˩ pã˦˨ ·tən

毛毛凳 mɵ˦˨ ·mə tən˥

圆凳 iã˦ ·tən

高凳 kɵ˩ tən˥

折叠凳 tsaʔ˥ tiaʔ˥ tən˥ 马扎

草垫子 ts'ɵ˦˨ t'iã˨˩ ·tsʅ 蒲团

　草盘 ts'ɵ˦˨ p'ɛ˦

卧室用具

床 sə˦

铺板 p'u˥ ·pã（多）

　床板 sə˦ ·pã（少）

棕绷子 tsoŋ˩ poŋ˩ ·tsʅ

绷子床 poŋ˩ ·tsʅ sə˦

竹床 tsoʔ˥ sə˦

踏脚凳 t'aʔ˥ tçioʔ˥ tən˥ 放在床
　前的长条形矮凳（帮助上下床等
　用）

炕 k'ə˥

帐的 tçiə˥˩ ·tɤʔ 帐子

帐钩的 tçiə˥˨ ky˩ ·tɤʔ 帐钩

帐檐 tçiə˥ ŋã˦

毯子 t'ã˥ ·tsʅ

被 p'i˥

被窝 p'i˥ o˩ 为睡觉叠成的长筒
　形的被子

被里子 p'i˥ li˥ ·tsʅ 被里

被面子 p'i˥ miã˥ ·tsʅ 被面

棉花絮 miã˦˨ fə˥ çi˥ 棉被的胎

被单 p'i˥ tã˩ 床单

垫被 t'iã˨˩ ·vi 褥子

草席 ts'ɵ˦˨ çi˥ 草编的

竹席子 tsoʔ˥ çi˥ ·tsʅ ／ tsoʔ˥
　çiaʔ˥ ·tsʅ 竹篾编的

枕头 tsən˥˩ ·ly

枕头衣 tsən˥˩ ·ly i˩ 枕套儿

枕头胆 tsən˥˩ ·ly tã˥ 枕头心儿

梳头台 su˩ ·ly t'ei˦ 梳妆台

镜子 tçin˥˩ ·tsʅ

手提箱 çy˥˩ t'i˥ ·çiã

衣架子 i˩ kɔ˥˩ ·tsʅ 立在地上的
　挂衣服用的

晾衣架子 lə˩ i˩ kɔ˥˩ ·tsʅ 晒衣
　用的

马桶 mɔ˥˩ t'oŋ˥

马子桶 mɔ˥˩ ·tsʅ t'oŋ˥ 马桶（有
　盖，嫁妆之一）

散桶 sã˥ t'oŋ˥ 放在屋檐下、走
　廊边的马桶

夜壶 iɔ˥ ·u 多为男用

炉的 lu˦˨ ·tɤʔ 炉子

烘篮子 xoŋ˩ lã˦˨ ·tsʅ

火盆 xo˥˩ p'ən˦

火桶 xo˥˩ t'oŋ˥

火坑 xo˥˩ k'ə˩ 取暖用大火盆

水壶子 çi˥˩ u˦˨ ·tsʅ 盛热水后
　放在被中取暖用的

茶壶 ts'ɔ˦˨ ·u

锡壶 çiʔ˥ ·u

瓦壶 ŋɔ˦˨ ·u

瓷壶 ts'ʅ˦˨ ·u

泥水壶 ŋ˦˨ ·çi ·u 紫砂壶

热水瓶 ȵiaʔ˥ çiˇˉ ·pʻin 暖水瓶
壶桶 uˇˊ ·tʻoŋ 保暖用的，木头
　做的

炊事用具

风箱 foŋ˩ çiəˉ
通条 tʻoŋ˩ tʻieˊ 通炉子的
火钳 xoˇˉ tɕʻiãˊ
火擦 xoˇˉ ·tsʻaʔ 火铲，铲炉灰用
　的
柴禾 saˊ xoˊ 柴草
稻禾子 tʻəˉ xoˇˊ ·tsʅ 稻秆
麦秆子 mɤʔˊ kɛˇˊ ·tsʅ 麦秸
芦稷秆 luˊˊ tɕiˉ kɜˇ 高粱秆儿
黄豆禾子 vəˊˊ ·ly xoˊˊ ·tsʅ 豆
　秸
　黄豆秆（子）vəˊˊ ·ly kɛˇ
　（·tsʅ）
锯末灰 kiˉˊ mɤʔˊ fei˩ 锯末
刨花 pʻəˊ foˉ
火柴 xoˇˊ saˊ
　洋火柴 iəˊ xoˇˊ saˊ
锅煤烟子 ko˩ meiˊˉ iãˊ ·tsʅ 锅
　烟子
烟囱 iã˩ ·tsʻoŋ
锅 ko˩
钢精锅 kəˊ tɕinˇˇ ko˩ 铝锅
炖肉罐 tɛˉˊ ȵoiʔˊ kuɜˉ
药罐 iɔʔˊ tɕiˊ kuɛˉ
大锅 tʻoˊ ko˩
小锅 çiəˇˇ ko˩
锅盖 ko˩ keiˉ

锅铲 ko˩ tsʻãˊ
汽罐 tɕʻiˊˉ ·kuɛ 水壶，烧开水用
碗 vɛˇ
瓷碗 tsʅˊˊ vɜˇ
漆碗 tɕʻiʔˊˉ ·ɜv 竹制碗，给孩子
　用
海碗 xeiˇˊ ·ɜv 大碗
茶杯子 tsʻɔˊ pei˩ ·tsʅ 瓷的带把
　儿的
碟子 tʻiaʔˊ ·tsʅ
汤瓢 tʻəˊ pʻieˊ 饭勺（盛饭用的）
调子 tʻieˊˊ ·tsʅ 羹匙（瓷的，小
　的）
筷子 kʻuaˉˊ ·tsʅ
筷子箩 kʻuaˉˊ ·tsʅ loˊ 筷笼
茶盘子 tsʻɔˊ pʻɜˉˊ ·tsʅ 茶托
　（瓷的碟形的）
茶碗 tsʻɔˊ vɜˇ 碗状，瓷制
酒杯 tɕyˇˇ ·pei
盘子 pʻɜˉˊ ·tsʅ
酒壶 tɕyˇˊ uˊ 茶壶形的
酒坛 tɕyˇˊ tʻɜˊ
坛 tʻɜˊ
罐 kuɛˉ
瓢 pʻieˊ
笊漏子 tsəˉ lyˊˊ ·tsʅ 笊篱
筲箕 səˉ tɕi
　淘米箩 tʻəˊ mi˩ loˊ
瓶 pʻinˊ
瓶盖子 pʻinˊ keiˉˊ ·tsʅ
擦子 tsʻaʔˊ ·tsʅ 礤床
　刨子 pʻəˉˊ ·tsʅ

菜刀 ts'ei˥˥ ·θ

刀板 θ˩ ·pã 砧板

水桶 çi˥˥ ·t'oŋ

研槽 ȵiã˥˥ sθ˥ 研船（铁制研药
　材用具，船形）

饭桶 vã˥˩ ·t'oŋ 装饭的桶

蒸笼 tçin˩ ·loŋ

饭甑 vã˥ tçin˩ 蒸饭用

浪 lə˥ 算子（蒸食物用的）

水缸 çi˥˩ kə˩

猪食缸 tsu˩ ·i? kə˩ 泔水缸

淘米水 t'θ˥˩ mi˩ ·çi 泔水

抹布 ma?˩ ·pu

　揩留片 k'a˩ ·ly p'iã˥

拖把 t'o˩ ·pɔ

工匠用具

刨子 p'θ˥˩ ·tsɿ 刀口弧形

推磨 t'ei˩ ·mo 形大，直刀口

斧子 fu˥˩ ·tsɿ

大斧 t'a˥˩ ·fu

小斧 çiθ˥˩ ·fu

锛斧 pən˩ ·fu 锛子

锯 ki˥ 锯子

凿子 sɔ?˥ ·tsɿ

尺 tsɤ?˥ 尺子

拐尺 kua˥˩ ·tsɤ? 曲尺

折尺 tsa?˥ ts'ɤ?˥

　八节尺 pa?˥ tçia?˥ ts'ɤ?˥

卷尺 kiã˥˩ ts'ɤ?˥

墨斗 mi?˥ ·ty

墨斗线 mi?˥ ·ty ·çiã

钉 tin˩ 钉子

钳子 tç'iã˥˩ ·tsɿ

老虎钳子 lə˥˩ ·fu tç'iã˥˩ ·tsɿ

铁榔槌 t'ia?˥ lə˥ ·i 钉锤

镊子 ȵia?˥ ·tsɿ

索 sɔ?˥ 绳子

铰链 k'θ˩ liã˥ 合叶

砖刀 tsɛ˩ θ˩ 瓦刀

踏子 t'a?˥ ·tsɿ 抹子

托板 t'ɔ?˥ pã˩ 泥板（瓦工用来盛
　抹墙物的木板）

灰兜子 fei˩ ty˩ ·tsɿ

灰桶 fei˩ t'oŋ˩ 灰斗子

錾子 sɛ˥˩ ·tsɿ

铁墩子 t'ia?˥ tən˩ ·tsɿ 砧子（打
　铁时垫铁块用）

剃头刀 t'i˩ t'y˥ θ˩

推剪 t'ei˩ tçiã˩ 推子

梳子 su˩ ·tsɿ

帆刀布 fɛ˩ θ˩ pu˩ 鐾刀布

　荡刀布 tə˥˩ ·θ pu˩

缝纫机 foŋ˥ in˩ tçi˩

剪的 tçiã˥˩ ·tɤ? 剪子

熨斗 in˥˩ ·ty

烙铁 lɔ?˥ t'ia?˥

弓 koŋ˩ 弹棉花用的弓子

纺车 fa˥˩ ·ts'ɔ

织布机 tçi?˥ pu˩ tçi˩ 旧式的

老布 lə˥˩ ·pu 棉布

梭子 so˩ ·tsɿ 织布用的

其他生活用品

东西 toŋ˥ ·çi
洗面水 çi˩ miã˥ ·çi 洗脸水
面盆 miã˩ ·vən 脸盆
面盆架 miã˩ ·vən kɔ˥ 脸盆架
澡盆 tsø˥ ·vən
香肥皂 çiə˩ vi˥ ·tsu 香皂
肥皂 vi˥ ·tsu
洗衣粉 çi˩ ·i fən
手巾 çy˥ ·tɕin ①毛巾②擦脚布
披肩 p'i˩ ·tɕiã 白老布，男人外出劳动时用来擦汗、防晒等
脚盆 tɕiɔʔ˥ ·vən 洗脚用的
气灯 tɕ'i˥ ·tən
蜡烛 laʔ˥ tsoʔ˥
煤油灯 mei˥ y˥ tən˩ 有玻璃罩的
　灯盏 tən˩ ·tsã
香油灯 çiə˩ ·y tən˩
灯心 tən˩ ·çin
灯罩子 tən˩ tsø˥ ·tsʅ
灯草 tən˩ ts'ø˥
灯油 tən˩ y˥
煤油 mei˥ ·y
洋油 iə˥ y˥
灯笼 tən˩ ·loŋ
拎包 lin˩ pø˩ 手提包
钱包 çiã˥ ·pø / çiã˥ ·pø
私章 sʅ˩ tsə˩ 图章（私人用的）
望远镜 mə˥ iã˩ tɕin˥
浆糊 tɕiə˩ u˥

顶顶箍 tin˥ ·tin k'u˩ 顶针儿
线团卵子 çiã˥ t'ɜ˥ lɜ˥ ·tsʅ 线轴儿
针鼻子 tsən˩ p'i˥ ·tsʅ 针上引线的孔
针杪子 tsən˩ miɔ˥ ·tsʅ 针尖
穿针 ts'ɜ˥ tsən˩
引针 in˥ tsən˩ 锥子
耳朵耙子 ņ˥ ·to p'ɔ˥ ·tsʅ 耳挖子
洗衣板 çi˥ i˩ pã˥
榔槌 lə˥ ·i
鸡毛掸子 tɕi˩ mø˥ tã˥ ·tsʅ
　鸡毛把子 tɕi˩ mø˥ pɔ˥ ·tsʅ
扇子 sɜ˥ ·tsʅ
蒲包扇子 p'u˥ ·pø sɜ˥ ·tsʅ 蒲扇
拐棍 kua˥ ·kuən 中式的
卫生纸 vi˥ sən˩ tsʅ˥ 手纸
　揩屁股的纸 k'a˩ p'i˥ ·ku ·tɤʔ tsʅ˥

九　称谓

一般称谓

男的 lɜ˥ ·tɤʔ
　男子汉 lɜ˥ ·tsʅ xɜ˩
女的 ņ˥ ·tɤʔ
　奶奶家 la˥ ·la ·kɔ
小把戏 çiɔ˥ ·pɔ ·çi ①统称小

孩②小男孩 | 败家子 pʻa˨˩ kɔ˩ ·tsʅ
小丫姑 ɕiɵ˥˧ ·ɔ ·ku 女孩儿 | 讨饭的 tʻɵ˥˧ vã˨˩ ·tɤʔ 乞丐
老头子 lɵ˥ tʻy˨˩ ·tsʅ 老头儿 | 　叫花子 kɵ˥ ·fɔ ·tsʅ
老奶奶 lɵ˥ la˨˩ ·la 老太婆 | 走江湖的 tsu˨˩ kɵ˩ ·u ·tɤʔ
小伙子 ɕiɵ˥˧ xox˨˩ ·tsʅ | 骗子 pʻiã˥˧ ·tsʅ
城里人 tsʻən˨˩ ·lei ȵin | 流氓 ly˨˩ ·mə
乡巴佬 ɕiɵ˩ ·pɔ lɵ˥ | 拐子 kua˥˧ ·tsʅ 专门拐带小孩的
乡下人 ɕiɵ˩ ·lɕx ·ȵin | 土匪 tʻu˨˩ fi˨˩ / tʻu˨˩ ·fi
一家人 iʔ˥ kɔ˩ ·ȵin 同宗同姓的 | 强盗 tɕʻiɵ˨˩ ·lɵ
外地人 ŋei˩ tʻi˩ ·ȵin | 贼 tsʻɤʔ˥
本地人 pən˨˩ tʻi˩ ·ȵin | 扒手 pʻɔ˨˩ ·ɕy
外国人 ŋei˩ kuʔ˥ ·ȵin
自家人 sʅ˥ kɔ ·ȵin 自己人 |
外人 ŋei˥ ·ȵin | **职业称谓**
客人 kʻɤʔ˥ ·ȵin | 工作 kɔŋ˩ tsoʔ˥
同年公 tʻoŋ˧ ȵiã˥˧ ·koŋ 同庚 | 工人 kɔŋ˩ ·ȵin
内行 lei˩ xə˧ | 帮工的 pɵ˨˩ koŋ˩ ·tɤʔ 雇工
外行 ŋei˩ xə˧ | 长工 tɕʻiɵ˨˩ koŋ˩
半边醋 pɕ˧ ·piã tsʻu˩ 比喻外行 | 短工 tɕ˨˩ koŋ˩
介绍人 ka˥ ɕiɵ˨˩ ȵin˧ | 零时工 lin˧ sʅ˧ koŋ˩
寡儿头子 kuɔ˥˧ ·ɜ tʻy˨˩ ·tsʅ | 农民 loŋ˨˩ ·min
　单身汉 | 做生意的 tsɔ˥ sən˩ ·i ·tɤʔ 做
老姑娘 lɵ˥ ku˩ ·ȵiɵ | 　买卖的
童养媳 tʻoŋ˨˩ ·iɵ ɕiʔ˥ | 老板 lɵ˥ pã˨˩
二婚头 ɛ˩ fən˩ tʻy˧ | 东家 toŋ˩ ·kɔ
寡妇 kuɔ˨˩ ·u | 老板娘 lɵ˥ pã˨˩ ȵiɵ˧
婊子 piɵ˨˩ ·tsʅ | 伙计 xo˨˩ ·tɕi 店员或长工
姘头子 pʻin˩ ·tʻy ·tsʅ | 学徒 xoʔ˥ tʻu˧
私生子 sʅ˩ sən˩ ·tsʅ | 顾客 ku˥ kʻɤʔ˥
囚犯 tɕʻy˧ fã˩ | 小贩 ɕiɵ˥˧ fã˩
暴发户 pʻɵ˥ faʔ˥ u˩ | 摊贩 tʻã˩ fã˩
小气鬼 ɕiɵ˥˧ tɕʻi˩ ·ki 吝啬鬼 | 教书先生 kɵ˥˧ su˩ ɕiã˩ ·sən
　　　　　　　　　　　　 | 　私塾里的先生

教员 tçioˉ iáˊ 学校里的老师

学生 xoʔˊ ·sən

同学 t'oŋˊ ·xoʔ

朋友 p'oŋˊ ·y

兵 pin˩ 相对百姓而言

警察 tçinˉ ts'aʔˊ

医生 i˩ ·sən

　郎中 ləˊ ·tsoŋ

驾驶员 koˉ sʅˇ iáˊ 司机

做手艺的 tsoˉ çyˇ ·ŋ̍ ·ɤʔ 手艺人

木匠 moʔˊ ·iə

砖匠 tsɛ˩ ·iə 瓦匠（砌墙、抹墙的）

锡匠 çiʔˊ ·iə

铜匠 t'oŋˊ ·iə

铁匠 t'iaʔˊ ·iə

补锅的 puˇ ko˩ ·ɤʔ

裁缝 sɛˊ ·foŋ 做衣服的

针匠 tsən˩ ·iə

扎匠 tsaʔˊ ·iə 做纸扎的

剃头的 t'i˩ t'yˊ ·ɤʔ 理发员

杀猪的 saʔˊ tsu˩ ·ɤʔ 屠户

搬运工 pã˩ inˇ koŋ˩ 脚夫，搬运夫的旧称

挑担子的 t'iə˩ táˊ ·tsʅ ·ɤʔ 挑夫

抬轿的 t'eiˊ tçiəˊ ·ɤʔ 轿夫

船夫 sɛˊ ·fu 艄工

　撑船的 ts'ɛˊ ·ɤʔ

管家 kuɛˇ ·ko

　朝奉 tç'iəˊ ·foŋ 店里管事的

合伙的 xaʔˊ xoˊ ·ɤʔ 合作做生意的人

厨师 ts'uˊ ·sʅ

饲养员 sʅ˩ iəˊ iáˊ

奶娘 laˊ ·niə 奶妈

佣人 ioŋˊ ·ŋin 仆人

下人 xoˊ ·ŋin ①仆人②下一代

女佣人 ŋʅ˩ ioŋˊ ·ŋin 女仆

丫环 ɔ˩ ·vã

喜娘 çiˊ ·ńiə 接生婆

和尚 xoˊ ·lə

尼姑 ŋˊ ·ku

道士 t'əˊ ·zʅ

十　亲属

长辈

上人 səˊ ·ńin 长辈

　长辈 tçiəˇ peiˉ

太太公 t'aˊ t'aˊ koŋ˩ 曾祖父的父亲

太太母 t'aˊ ·t'a m˩ 曾祖父的母亲

太公 t'aˊ ·koŋ 曾祖父

太太 t'aˊ ·t'a 曾祖母

爹 ti˩ 祖父

□□ iaˊ ·ia 祖母

家公爹 koˊ ·koŋ ti˩ 外祖父

家妇□□ koˊ ·u iaˊ ·ia 外祖母

爹爹 tiɔ˥ ·tiɔ 父亲

　大大 ta˥ ·ta

妈 ma˩ 母亲

　娘 n̪iə˧

丈人 tɕ'iə˧ ·n̪in 岳父

丈母 tɕ'iə˥ ·m̩ 岳母

　丈母奶奶 tɕ'iə˥ ·m̩ la˧ ·la

婆公公 p'o˧ koŋ˥ ·koŋ 夫之父

婆奶奶 p'o˧ la˧ ·la 夫之母

继父老子 tɕi˥ ·fu lə˥ ·tʂʅ 继父

晚娘 vã˩ n̪iə˧ 继母

伯伯 pɤʔ˦ ·pɤʔ 伯父

伯伯娘 pɤʔ˦ ·pɤʔ n̪iə˧ 伯母

叔叔爹 soʔ˦ soʔ˦ tiɔ˥ 叔父

小大大 ɕiə˩ ta˥ ·ta 小叔父

婶婶妈 sən˩ ·sən ma˩ 叔母

舅舅 tɕ'y˥ ·tɕ'y 舅父

舅母 tɕ'y˥ ·m̩

□ pu˥ 姑妈

姨妈 i˧ ·ma

□爹 pu˥ tiɔ˥ 姑父

姨爹 i˧ tiɔ˥ 姨父

姑□□ ku˥ ia˩ ·ia 父之姑母

姑老爹 ku˥ lə˥ ti˥ 父之姑父

　姑爹爹 ku˥ ti˥ ·ti

姨□□ i˧ ia˩ ·ia 父之姨母

姨老爹 i˧ lə˥ ·ti 父之姨父

　姨爹爹 i˧ ti˥ ·ti

平辈

平辈 p'in˧ pei˥

夫妻 fu˥ ·tɕ'i

老板 lə˥ pã˩ 夫

　俺家里 ŋã˥ kɔ˥ ·lei

老妇 lə˥ ·u 妻

小老妇 ɕiə˩ lə˥ ·u 小老婆

小叔叔 ɕiə˩ soʔ˦ ·soʔ 小叔子
（夫之弟）

大□ t'o˥ pu˥ 大姑子（夫之姐）

小□ ɕiə˩ pu˥ 小姑子（夫之
妹）

妻舅 tɕ'i˥ ·tɕ'y 内兄弟（妻之兄
弟）

大妻舅 t'o˥ tɕ'i˥ ·tɕ'y 内兄

小妻舅 ɕiə˩ tɕ'i˥ ·tɕ'y 内弟

大姨 t'a˥ i˧ 大姨子

小姨 ɕiə˩ i˧ 小姨子

弟兄 t'i˧ ·ɕioŋ

姊妹 tsʅ˩ ·mei

哥哥 ko˥ ·ko

嫂嫂 sə˩ ·sə

弟的 t'i˥ ·tɤʔ 弟弟

弟媳妇 t'i˥ ɕiʔ˦ ·u 弟媳

　弟新妇 t'i˥ ɕin˥ ·u

姐姐 tɕia˩ ·tɕia

姐夫 tɕia˩ ·fu

妹的 mei˥ ·tɤʔ 妹妹

妹夫 mei˥ ·fu

堂兄弟 t'ə˧ ɕioŋ˥ ·t'i

堂兄 t'ə˧ ·ɕioŋ

　堂哥哥 t'ə˧ ko˥ ·ko

堂弟 t'ə˧ ·t'i

堂姊妹 t'ə˧ tsʅ˩ ·mei

堂姐 t'əˎ ˥ ·tɕia

堂妹 t'əˎ ˥ ·mei

表兄弟 pieʋ꜒ ˥꜔ ɕioŋ ˩ ·t'i

表兄 pieʋ꜒ ˥꜔ ·ɕioŋ

　表哥哥 pieʋ꜔ koˎ ˥ ·ko

表嫂 pie꜒ ˥꜔ səʋ

表弟 pieʋ꜔ ·t'i

表姊妹 pie꜒ ʋ꜔ tsʅ ʋ꜔ ·mei

表姐 pie꜒ ʋ꜔ ·tɕia

表妹 pie꜒ ʋ꜔ ·mei

晚辈

晚辈 vã꜒ ʋ꜔ pei˥

子女 tsʅ ʋ꜔ ņ˩

儿的 ņ꜒꜓ ·tɤʔ 儿子

大儿的 t'o꜔ ņ꜒꜓ ·tɤʔ 大儿子

小儿的 ɕie꜒ ʋ꜔ ņ꜒꜓ ·tɤʔ 小儿子

新妇 ɕin ˩ ·u 儿媳妇

丫姑 ɔ˩ ·ku 女儿

女婿郎 ņ˩꜓ ·ɕi ·lə 女婿

孙的 sən ˩ ·tɤʔ 孙子

孙新妇 sən ˩ ɕin ˩ ·u 孙媳妇

孙丫姑 sən ˩ ɔ˩ ·ku 孙女

孙婿郎 sən ˩ ·ɕi ·lə 孙女婿

重孙的 ts'oŋ꜒ sən ˩ ·tɤʔ 重孙

重孙丫姑 ts'o꜒ ꜓ sən ꜒ ɔ˩ ·ku 重
　孙女

外孙的 ŋa꜓꜔ ·sɛ ·tɤʔ ①外孙②
　外甥

外孙丫姑 ŋa꜓꜔ ·sɛ ɔ˩ ·ku ①外
　孙女②外甥女

侄子 ts'ɤʔ꜒꜓ ·tsʅ

侄丫姑 ts'ɤʔ꜒꜔ ɔ˩ ·ku 侄女

其他

连襟 liã꜒ ꜔ ·tɕin

亲家 tɕ'in ˩ ·kɔ

亲家母 tɕ'in ˩ ·kɔ ㄇ˩

亲家公 tɕ'in ˩ ·kɔ koŋ ˩ 亲家翁

亲眷 tɕ'in ˩ ·kɛ 亲戚

走亲眷 tsu꜒ ꜔ tɕ'in ˩ ·kɛ 走亲戚

娘家 ņiə꜒ ꜔ ·kɔ

婆家 p'o꜒ ꜔ ·kɔ

男方 lɛ ꜔ ·fə

女方 ņ꜒꜔ ·fə

家妇□□家 kɔ꜒ ·u ia꜒ ʋ꜔ ·ia
　·kɔ 姥姥家

丈人家 tɕ'iə꜒ ꜔ ·ņin ·kɔ

十一　身体

五官

五官 oŋ꜒ ·kuɛ

身体 sən꜒ ꜔ t'i꜓

身材 sən꜒ ꜔ sei꜒

头 t'y꜒

秃子 t'ɤʔ꜒ ·tsʅ 秃头

秃顶 t'ɤʔ˥ tin꜔

头顶 t'y꜒ tin꜔

后脑壳 ɕy꜒ ꜔ lə꜒ ʋ꜔ k'ɔʔ˥ 后脑勺

颈子 tɕin꜒꜔ ·tsʅ 颈

凹颈宕 ə꜒꜔ ·tɕin t'ə꜒꜔ 后脑窝

（颈后凹处）△~深，脾气差

头发 t'y˧˩ faʔ˧

少年白 ɕiə˧˩ ·n̠iã p'ʈʂ˥ 少白头

脱头发 t'ɤʔ˧ t'y˧˩ faʔ˧ 掉头发

头额头 t'y˧ ŋɤʔ˥ ·ly 额

　鹅包额头 ŋo˥ pə˧ ŋɤʔ˥ ·ly

囟门宕 ɕin˧ ·min t'ə˧ 囟门

鬓角 pin˩ kɔʔ˧

辫子 p'iã˧˩ ·tsʅ

巴巴头 pɔ˩ pɔ˩ t'y˥ 中老年盘在

　脑后的鬃

坎头发 k·ɛ˧˩ ·ly ·faʔ 刘海儿

面 miã˧ 脸

面模子 miã˧ m̩˧˩ ·tsʅ 脸蛋儿

颧骨 k'iã˧˩ kuʔ˧

酒窝 tɕy˧˩ o˩

人中 n̠in˧˩ ·tsoŋ

腮 sei˩

眼睛 ŋã˧˩ ·tɕin

眼眶 ŋã˧ ·k'uə

眼珠子 ŋã˧˩ tsu˩ ·tsʅ

白眼珠 p·ɤʔ˥ ŋã˧˩ tsu˩

黑眼珠 xɤʔ˧ ŋã˧˩ tsu˩

瞳人 t'oŋ˧ in˧

眼角 ŋã˧ kɔʔ˧

大眼角 t'a˧ ŋã˧ kɔʔ˧ 眼角儿靠

　近鼻梁的部位

眼圈 ŋã˧ k·iã˩

　眼窟朗子 ŋã˧ k'oʔ˧ ·lə ·tsʅ

眼泪 ŋã˧ li˩

眼屎 ŋã˧˩ ·sʅ

眼睛皮 ŋã˧˩ ·tɕin p'i˧ 眼皮儿

单眼睛皮 tã˩ ŋã˧˩ ·tɕin p'i˧

双眼睛皮 sə˩ ŋã˧˩ ·tɕin p'i˧

眼睛毛 ŋã˧˩ ·tɕin mə˧ 眼睫毛

眉毛 mi˧ ·mə

皱额头 tɕy˧ ŋɤʔ˥ ·ly 皱眉头

鼻子 p'iʔ˧ ·tsʅ

鼻涕 p'iʔ˧ ·t'i

鼻子屎 p'iʔ˧ ·tsʅ ·sʅ 鼻垢

鼻孔 p'iʔ˧ ·k'oŋ

鼻毛 p'iʔ˧ mə˧

鼻子尖 p'iʔ˧ ·tsʅ tɕiã˩ ①鼻子顶

　端②嗅觉灵敏

鼻梁 p'iʔ˧ liə˧

鼻扇 p'iʔ˧ sɛ˧ 鼻翅儿

酒糟鼻子 tɕy˧ ·tsə p'iʔ˧ ·tsʅ

嘴 tɕi˧

嘴巴 tɕi˧ ·pɔ

嘴巴皮 tɕi˧ ·pɔ p'i˧ 嘴唇儿

　嘴巴沿子 tɕi˧ ·pɔ iã˧ ·tsʅ

痰沫 t'ã˧ mɤʔ˥ 唾沫

痰沫星子 t'ã˧ mɤʔ˥ ɕin˩ ·tsʅ

　唾沫星儿

口水 k'i˧ ·ɕi

舌条 sɤʔ˥ ·t'iə 舌头

舌苔 sɤʔ˥ t'ei˩

夹舌条 kaʔ˧ sɤʔ˥ ·t'iə 大舌头

　（口齿不清）

牙 ŋɔ˧

门牙 mən˧ ·ŋɔ

板牙 pã˧ ·ŋɔ 大牙

虎牙 fu˧ ·ŋɔ

牙（齿）屎 ŋɔ˧（·tsʅ）·sʅ 牙

垢

牙根 ŋɔ˦ kən˩ 牙床

虫牙 ts'oŋ˦ʅ ·ŋɔ

耳道 n̩˥ʅ ·θ 耳朵

耳道眼 n̩˥ʅ ·θ ŋã˩ 耳朵眼儿

耳道屎 n̩˥ʅ ·θ ·ʅ 耳屎

　耳屎 n̩˥ʅ ·ʅ

背耳聋 p'i˥ʅ n̩˧ loŋ˦ 耳背

下巴 xɔ˥ʅ ·pɔ

喉咙 ɕy˦ʅ ·loŋ

胡子 u˦ʅ ·tsʅ

兜草胡子 ty˩ ·ts'θ u˦ʅ ·tsʅ / ty˩ ·sθ u˦ʅ ·tsʅ 络腮胡子

撒撒胡子 p'ia?˦ p'ia?˦ u˦ʅ ·tsʅ 八字胡子

下巴胡子 xɔ˥ʅ ·pɔ u˦ʅ ·tsʅ 下巴须

手、脚、胸、背

肩膀 tɕiã˩ ·pə

肩胛骨 tɕiã˩ ka?˦ ku?˦

削肩膀 ɕiɔ?˦ tɕiã˩ ·pə 溜肩膀儿

手胳子 ɕy˦ʅ ka?˦ ·tsʅ 整个胳膊

手胳膊 ɕy˦ʅ ka?˦ ·pə? 胳膊大臂

胳膊弯 ka?˦ ·pə? vã˩ 胳膊肘儿

胳膊窝 ka?˦ ·pə? o˩ 膈肢窝

手颈子 ɕy˦ʅ ·tɕin ·tsʅ 手腕子

左手 tso˥ʅ ·ɕy

　反手 fã˥ʅ ·ɕy

右手 y˧ ·ɕy

手指拇 ɕy˦ʅ tsɤ?˦ mo˩ 手指

手骨节 ɕy˦ʅ ku?˦ tɕia?˦ （指头）关节

手缝 ɕy˦ʅ foŋ˦ 手指缝儿

跰子 tɕiã˦ʅ ·tsʅ

大拇指 t'o˦ m̩˩ tsʅ˥

二拇指 ɛ˦ m̩˩ tsʅ˥ 食指

中指 tsoŋ˩ tsʅ˥

无名指 u˧ min˦ tsʅ˥

小拇指 ɕiθ˦ʅ m̩˩ tsʅ˥

指甲 tsɤ?˦ k'a?˦

笋心 lo˦ ɕin˩ 手指头肚儿（手指末端有指纹的略微隆起的部分）

拳头 k'iã˦ʅ ·ly

手板心 ɕy˦ʅ pã˦ʅ ɕin˩ 手掌

巴宗 pɔ˩ ·tsoŋ 巴掌（打一～）

手心 ɕy˦ʅ ·ɕin

手背 ɕy˦ʅ pei˦

腿 t'ei˥

大腿 t'a˦ʅ ·t'ei

大腿胯子 t'a˦ʅ ·t'ei k'uɔ˦ʅ ·tsʅ 大腿根儿

小腿 ɕiθ˦ʅ ·t'ei

腿巴肚子 t'ei˦ʅ ·pɔ tu˦ʅ ·tsʅ 腿肚子

直骨头 tɕ'i˦ʅ ku?˦ ·ly 胫骨

膝头波波 ɕi˦ʅ ·ly pɔ˩ ·pɔ 膝盖

胯骨 k'uɔ˦ʅ ku?˦

裆 tə˩

屁股 p'i˥ʅ ·ku

屁眼 p'i˥ʅ ·ŋã

屁股爿子 p'i˥ʅ ·ku p'ã˦ʅ ·tsʅ 屁股蛋儿

屁眼沟 p'i˥˧ ŋã˥ ky˩ 屁股沟儿

尾巴桩 mi˥˧ˇ ·po tsə˩ 尾骨

鸡巴子 tɕi˩ ·po ·tsɿ 鸡巴（男
阴）

　屌 tiɵ˅

小屌 ɕiɵ˅˅ ·tiɵ 赤子阴

劈 p'i?˧ 女阴

戳劈 ts'ɔ˧ p'i?˧ 交合

尿 soŋ˥ ①精液②指人没用

脚颈子 tɕiɔ?˧ tɕin˥˧ ·tsɿ 脚腕子

螺丝骨 lo˥˧ ·sɿ ku?˧ 踝子骨

脚 tɕiɔ?˧

赤脚 ts'ɤ?˧ tɕiɔ?˧

脚背 tɕiɔ?˧ pei˥

脚板 tɕiɔ?˧ ·pã 脚掌

脚心 tɕiɔ?˧ ɕin˥

脚板窝 tɕiɔ?˧ ·pã o˩

脚尖 tɕiɔ?˧ tɕiã˩

脚趾头 tɕiɔ?˧ ·tsɿ? ·ly

脚趾甲 tɕiɔ?˧ tsɿ˥˧ k'a?˧

脚后跟 tɕiɔ?˧ ɕy˥˧ kən˩

脚印 tɕiɔ?˧ in˥

鸡眼 tɕi˩ ŋã˥ 一种脚病

胸口 ɕioŋ˩ ·ky 心口儿

胸门前头 ɕioŋ˩ ·mən ɕiã˅˧ ·ly
胸脯

图弯骨 t'u˅˧ ·vã ku?˧ 肋骨

妈妈 mɔ˩ ·mɔ 乳房

　奶 lɛ˅

奶 la˥ 奶汁

　妈妈 mɔ˩ ·mɔ

肚子 tu˥ ·tsɿ 腹部

小肚子 ɕiɵ˅˅ tu˥ ·tsɿ 小腹

肚脐眼 tu˥˧ ·tɕ'i ·ŋã

腰 iɵ˩

脊背 tɕi?˧ p'ei˥

龙骨 loŋ˅˧ ku?˧ 脊梁骨

其他

旋簸箩 ɕiã˥˧ ·po ·lo 头发旋儿

双旋簸箩 sə˩ ɕiã˥˧ ·po ·lo 双
旋儿

指纹 tsɿ˅˧ vən˥

箩 lo˥ 圆形的指纹△一箩贫，二
箩富，三箩打草鞋，四箩开当
铺，五箩做大官，六箩骑白马，
七箩打杀人，八箩垫性命，九箩
卖老妇老婆，十箩没奈何 i?˧
lo˥ p'in˥, ɛ˩ lo˥ fu˥, sã˩
lo˥ ta˅˧ ts'ɵ˅˧ ·a, sɿ˩ lo˥
k'ei˩ tə˥˧ ·p'u, oŋ˥ lo˥ tso˧
t'o˧ kuɛ˩, lo?˧ lo˥ tɕ'i˅
p'ɤ?˧ mɔ˩, tɕ'i?˧ lo˥ ta˅˧
sa?˧ ŋin˥, pa?˧ lo˥ t'iã˧
ɕin˥˧ ·min, tɕy˅˅ lo˥ ma˧
lɵ˩ ·u, sɤ?˧ lo˥ mɔ˧ la˧
xo˥

簸箩 po˅˧ ·lo 箕（簸箕形的指
纹）

寒毛 xɛ˅˧ ·mɵ

寒毛桩 xɛ˅˧ ·mɵ tsə˩ 寒毛眼儿

痣 tsɿ˧ △一~~腰，骑马挂刀 i?˧
tsɿ˥ tsɿ˥ iɵ˩, tɕ'i˅˧ ·mɔ
kuɔ˧ tɵ˩

骨头 kuʔㄧ ·ly

筋 tɕinㄥ

血 ɕiaʔㄧ

血管 ɕiaʔㄧ kuɛㄥ

脉 mɤʔㄧ

五脏 e·ㄧ oŋㄥ ts·ə·ㄧ

心 ɕinㄥ

肝 kɛㄥ

肺 fiㄱ

胆 tãㄚ

脾 p·iㄚ

胃 viㄱ

肾 sənㄱ

肠子 tɕ·iəㄚㄥ ·tsʅ

大肠 t·aㄱㄚ ·iə

小肠 ɕiɵㄚㄚ ·iə

盲肠 mɵㄚㄚ tɕ·iəㄚ

十二　疾病　医疗

一般用语

病了 p·inㄱ ·ɔ

小病 ɕiɵㄚㄚ p·inㄱ

大病 t·oㄥㄚ p·inㄱ

病轻了 p·inㄱ tɕ·inㄥ ·ɔ

病好了 p·inㄱ xɵㄚㄚ ·ɔ

接郎中 tɕiaʔㄧ lə·ㄚㄥ ·tsoŋ 请医生

　看医生 k·ã·ㄧ i ㄥ ·sən

看病 k·ãㄱ p·inㄱ

捉脉 tsoʔㄧ mɤʔㄧ 号脉

开药方子 k·eiㄥ iɔʔㄧ fə·ㄥ ·tsʅ

偏方 p·iãㄥ ·fə

抓药 tsɔㄥ iɔʔㄧ 买中药

　出药 tsʰɤ·ʔㄧ iɔʔㄧ

买药 maㄱ iɔʔㄧ 买西药

药店 iɔʔㄧ ·tiã 中药铺

药房 iɔʔㄧ fə·ㄱ 西药房

药引子 iɔʔㄧ in ㄚㄚ ·tsʅ

药罐子 iɔʔㄧ kuɛㄥㄚㄥ ·tsʅ

熬药 ŋɵ·ㄱ iɔʔㄧ 煎药

药膏 iɔʔㄧ kɵ·ㄥ 西药

膏药 kɵ·ㄥ ·iɔ 中药

药粉 iɔʔㄧ ·fən 药面儿

擦药膏 ts·aʔㄧ iɔʔㄧ kɵ·ㄥ

上药 sɵ·ㄥ iɔʔㄧ

发汗 faʔㄧ xɤ·ㄥ

去风 k·i·ㄧ ·foŋ

去火 k·i·ㄧ ·xo

去湿 k·i·ㄧ sɤʔㄧ

　利湿 li·ㄱ sɤʔㄧ

去毒 k·i·ㄧ t·oʔㄧ

消食 ɕiɵㄥ ɕiʔㄧ

打食 taㄚㄚ ɕiʔㄧ

扎针 tsaʔㄧ tsənㄥ

拔火罐子 p·aʔㄧ xoㄚ kuɛㄥㄚㄥ ·tsʅ

　扳火罐子 pãㄚ xoㄚ kuɛㄥㄚㄥ ·tsʅ

内科

屙肚子 oㄥ tuㄚㄥ ·tsʅ 泻肚

发热 faʔㄧ ȵiaʔㄧ 发烧

发冷 faʔㄧ lənㄱ

起鸡皮疙瘩 tɕ·iㄚㄚ tɕiㄥ ·p·i kɤʔㄧ

taʔ꜒

伤风 sə꜒꜔ foŋ꜖

咳嗽 k'ɤʔ꜒ sə꜖

气喘 tɕ'i꜒ ts'ɛ꜔

气管炎 tɕ'i꜒ kuɛ꜔꜕ iã꜕

中暑 tsoŋ꜒ su꜕

　受了热 ɕy꜒ ·ɔ ȵia꜒꜔

上火 sə꜖ xo꜕

火气来了 xo꜕꜔ ·tɕ'i lei꜕꜔ ·ɔ

吃伤了 tɕ'i꜒꜒ sə꜖ ·ɔ 积滞

肚里痛 tu꜒꜕ ·lei t'oŋ꜒ 肚子疼

心里痛 ɕin꜒꜕ ·lei t'oŋ꜒ 胸口疼

头晕 t'y꜕꜔ ·in

晕车 in꜒ ts'ɔ꜖

晕船 in꜒ ʂɛ꜒

头痛 t'y꜕ ·t'oŋ 头疼

恶心 ɔʔ꜒ ·tɕ'in 要呕吐

呕吐 y꜕꜔ t'u꜒

　吐了 t'u꜒꜔ ·ɔ

打干恶 ta꜕꜔ ·kɛ ·ɔʔ 干啰

小肠气 ɕiɵ꜕꜔ ·iə tɕ'i꜒ 疝气

脱肛 t'ɤʔ꜒ kə꜖

子宫脱了 tsɿ꜕꜔ koŋ꜖ t'ɤʔ꜒꜔꜔ ·ɔ 子
　宫脱垂
　子宫下落 tsɿ꜕꜔ koŋ꜖ xɔ꜒꜔
　·lɔʔ

打半工的 ta꜕꜔ pɛ꜒꜔꜔ ·koŋ ·tɤʔ
　发疟子
　打脾寒 ta꜕꜔ p'i꜒꜔꜔ ·ɛ

霍乱 xɔ꜒ tɕɔ꜒꜔ lɛ꜒

麻疹 mɔ꜒ tsən꜕

水痘 ɕi꜕꜒꜔ ·ty

天花 t'iã꜒꜔ fɔ꜖

种牛痘 tsoŋ꜒ ȵy꜕꜔ ·ty 种痘

伤寒 sə꜖ xɛ꜕

黄疸 və꜕꜔ ·tã

肝炎 kɛ꜖ iã꜕

肺炎 fi꜒ iã꜕

胃病 vi꜒ ·p'in

盲肠炎 mə꜕꜔ ·tɕ'iə iã꜕

痨病 lɵ꜕꜔ ·vin 中医指结核病

外科

蹾伤了 kuã꜒ sə꜖ ·ɔ 跌伤

碰伤 p'oŋ꜒ sə꜖

碰破皮 p'oŋ꜒ p'o꜒ p'i꜕

擦个口子 ts'aʔ꜒ ·ko k'ɤ꜕꜔ ·tsɿ
　剌个口子

出血 ts'ɤʔ꜒ ɕiaʔ꜒

淤血 y꜖ ɕiaʔ꜒

红肿 xoŋ꜕ ·tsoŋ

淤脓 y꜒꜔ loŋ꜕ 溃脓

结演子 tɕiaʔ꜒ iã꜒꜔ ·tsɿ 结痂

疤 pɔ꜖

蛤蟆气 xɔ꜕꜔ ·cm tɕ'i꜒ 腮腺炎

长疮 tɕiɵ꜕꜔ ·ts'ɛ

生疗疮 sə꜒꜔ tin꜒꜔ ·ts'ə 长疔

痔疮 tsɿ꜒꜔ ·ts'ə

疥疮 ka꜒꜔ ·ts'ə

癣 ɕiã꜕

痱的 p'ei꜒꜔ ·tɤʔ 痱子

汗斑 ɤɛ꜒꜕ ·pã

猴瘊的堆 ɕy꜕꜔ ɕy꜕ ·tɤʔ tei꜖ 猴
　子

（麻）雀（的）斑（moɿㄥ）tɕʻiɔˀㄒ
（·tɤˀ）pã˩ 雀斑

粉刺 fənㄚㄥ tsʻʅㄒ

胳毛臊 kɤˀㄒ ·məsə˩ 狐臭

嘴巴臭 tɕiㄚㄒ ·pə ·tɕʻy 口臭
口臭 kʻyㄚㄥ ·tɕʻy

气菩芦颈 tɕʻiㄒ pʻuㄚㄥ ·lu tɕinㄥ
大脖子（甲状腺肿大）

水蛇腰 ɕiㄚㄒㄱㄥ ·zə iⱸㄥ

疮疤子喉咙 tsʻ.ⱸㄒ ·pⱼ ·tsʅ ɕyㄚㄥ
·loŋ 公鸭嗓儿（嗓音沙哑）

独眼龙 tʻoㄒ·tsʅ ŋãㄒ loŋㄥ 一只眼儿
（一只眼睛是瞎的）

近视眼 tɕʻinㄒ sʅㄒ ŋãㄒ

远视眼 iãㄚㄚ sʅㄒ ŋãㄒ

老花眼 lⱸㄒㄥ ·fⱼ ŋãㄒ

肿眼睛泡 tsoŋㄚㄚ ŋãㄒㄥ ·tɕin pʻⱸㄒ
鼓眼泡儿

对眼睛 teiㄒㄥ ŋãㄒ ·tɕin 斗鸡眼儿

怕光 pʻⱼㄒ kuⱼㄒ 羞明

残疾等

猪脸疯 tsuㄒ liãㄒ foŋㄒ 癫痫

抽筋 tɕʻyㄚㄚ tɕinㄒ ①惊风（小儿
病）②抽风

中风 tsoŋㄒ foŋㄒ

瘫落去 tʻãㄒ ·loˀ kʻⱼˀㄒ 瘫痪

跛子 poㄚㄒ ·tsʅ 瘸子

驼子 tʻoㄚㄥ ·tsʅ 罗锅儿

聋子 loŋㄚㄥ ·tsʅ

哑巴子 ŋⱼㄒ ·pⱼ ·tsʅ 哑巴

结巴子 tɕiaˀㄒ ·pⱼ ·tsʅ 结巴

瞎子 xaㄒㄒ ·tsʅ

痰包 tʻãㄚㄥ ·pⱸ 傻子

孤手子 kuㄒ ·ɕy ·tsʅ 腿残者叫瘸
子，手残者叫~

秃子 tʻɤˀㄒ ·tsʅ 头发脱光的人

麻子 moㄚㄥ ·tsʅ ①人出天花后留
下的疤痕②脸上有麻子的人

豁嘴巴 fɤˀㄒ tɕiㄚㄥ ·pⱼ 豁唇子

豁牙子 fɤˀㄒ ŋㄚㄒ ·tsʅ

六指拇 loㄒˀ tsɤˀㄒ moㄒ 六指儿

反手撇子 fãㄚㄒ ·ɕy pʻiaˀㄒ ·tsʅ
左撇子

十三　衣服　穿戴

服装

穿戴 tsʻɜㄒㄒ taㄒ

打扮 taㄚㄒ ·pã

衣裳 iㄒㄒ ·zə

制服 tsʅㄒㄒ ·fɤˀ

中山装 tsoŋㄒ ·sã tsəㄒ

西装 ɕiㄒㄒ tsəㄒ

长褂子 tɕʻiⱼㄚㄒ kuⱼㄒㄥ ·tsʅ 长衫

马褂（子）moㄒㄒ kuⱼㄒㄥ（·tsʅ）马
褂儿

旗袍 tɕʻiㄒㄥ pʻⱸㄒ

棉袄 miãㄥ ·ŋⱸ

　絮袄 ɕiㄒㄒ ·ŋⱸ

皮袄 pʻiㄥ ·ŋⱸ

大衣 tʻaㄚㄚ ·i

短大衣 tɕʌ﹀ t'a﹀ᴸ ·i

衬衫 ts'ən﹁ᴸ ·sã

外衣 ŋei﹁ ·i

内衣 lei﹁ ·i

领子 lin﹁﹀ ·tsʅ

背搭 pei﹁ᴸ ·taʔ 坎肩

圆领衫 iãꟻ lin﹁ ·sã

背心子 pei﹁ çin﹄ ·tsʅ 汗背心

衣边 i﹄﹀ ·piã 衣襟儿

大边 t'o﹀ᴸ ·piã 大襟

小边 ɕiɵ﹀ ·piã 小襟

对襟 tei﹁ᴸ ·tɕin

衣摆 i﹄ ·pa 下摆

领子 lin﹁﹀ ·tsʅ

袖子 çy﹁﹀ ·tsʅ

长袖子 tɕ'iə﹀ çy﹀ᴸ ·tsʅ 长袖

短袖子 tɕʌ﹀ çy﹀ᴸ ·tsʅ 短袖

裙子 tɕ'in﹀ᴸ ·tsʅ

衬裙子 ts'ən﹁ᴸ tɕ'in﹀ᴸ ·tsʅ 衬裙

裤子 k'u﹁ᴸ ·tsʅ

单裤 tã﹄ k'u﹁

短裤子 tɕʌ﹀ᴸ ·k'u tsʅ ①裤衩儿（贴身穿的）②短裤（穿在外面的）

连脚裤 liã﹀ tɕiɔ﹁ᴸ k'u﹁

开裆裤 k'ei﹄ tə﹄ k'u﹁

死裆裤 sʅ﹀ tə﹄ k'u﹁ 相对开裆裤而言

裤裆 k'u﹁ tə﹄

裤腰 k'u﹁ iɵ﹄

裤腰带 k'u﹁ iɵ﹄ ta﹁

裤笼脚 k'u﹁ᴸ ·loŋ tɕiɔʔ﹁ 裤腿儿

荷包 xo﹀ᴸ ·pɵ 兜儿（衣服上的口袋）

大襟扣子 t'a﹀ ·tɕin k'y﹁ᴸ ·tsʅ 纽扣（中式的）

扣襻子 k'y﹁ᴸ p'ã﹀ᴸ ·tsʅ 扣襻（中式的）

扣子贯 k'y﹁ᴸ ·tsʅ k'uã﹁

扣子 k'y﹁ᴸ ·tsʅ 扣儿（西式的）

扣眼睛 k'y﹁ ŋã﹀ᴸ ·tɕin 扣眼儿（西式的）

鞋帽

鞋 xa﹀

拖鞋 t'o﹄ ·a

棉鞋 miã﹀ xa﹀

絮鞋 ɕi﹁ᴸ ·a

皮鞋 p'i﹀ᴸ ·a

布鞋 pu﹁ᴸ ·a

鞋底 xa﹀ ti﹀

鞋帮子 xa﹀ pɵ﹄ ·tsʅ

鞋楔子 xa﹀ ɕiaʔ﹁ ·tsʅ 鞋楦子

鞋拔子 xa﹀ p'a﹁ ·tsʅ

胶鞋 tɕiɵ﹄ ·a 雨鞋（橡胶做的）

木头鞋 moʔ﹁ ·ly ·xa 木屐

鞋带子 xa﹀ ta﹁ᴸ ·tsʅ

袜子 vaʔ﹁ ·tsʅ

线袜 ɕiã﹁ vaʔ﹁

丝袜 sʅ﹄ vaʔ﹁

长袜子 tɕ'iə﹀ vaʔ﹁ ·tsʅ

短袜子 tɕʌ﹀ vaʔ﹁ ·tsʅ

裹脚鞋 ko﹀ tɕiɔ﹁ xa﹀ 弓鞋（旧时裹脚妇女穿的鞋）

裹脚布 koʌ˥ tɕioʔ˥ puɥ˥ 旧时妇
　女裹脚的布

裹腿 koʌ̃˥ ·t‘ei 军人用的

帽子 mɵ˥ ·tsʅ

皮帽 p‘iʌ˥ mɵ˥

礼帽 li˥ ·mɵ

　恭贺帽 koŋ˩ ox mɵ˥

瓜皮帽 kuɔ˩ p‘iʌ˥ mɵ˥

军帽 kin˩ mɵ˥

草帽 ts‘ɵʌ˥ mɵ˥

箬帽 nioʔ˥ mɵ˥ 斗笠

帽檐子 mɵ˥ iã˥ ·tsʅ

装饰品

首饰 ɕyɥ˥ ·sɤʔ

镯头 sɔʔ˥ ·ly 镯子

戒指 ka˥ ·tsʅ

项链 ɕiə˥ liã˩ / xɤ˥ liã˩

项圈 xə˥ k‘iã˩

长命锁 tɕ‘iə˥ min˥ ·so

别针 piʔ˥ tsən˩

簪子 tsɛ˩ ·tsʅ

耳环 ŋʅ˩ vã˥

胭脂 iã˩ ·tsʅ

粉 fən˥

其他穿戴

用品 ioŋ˥ ·p‘in

围裙 vi˥ ·in

馋围 ts‘ã˥ ·i 围嘴儿

喊片 xã˥ ·p‘iã 尿布

手捏子 ɕyɥ˥ ɲiaʔ˥ ·tsʅ 手绢儿

围巾 vi˥ ·tɕin

手套 ɕyʌ˥ t‘ɵ˥

眼镜子 ŋã˩ tɕin˥ ·tsʅ

伞 sã˥

蓑衣 so˥ ·i

雨衣 vi˥ i˩ 新式的

手表 ɕyɥ˥ piɵ˥

十四 饮食

伙食

吃饭 tɕ‘iʔ˥ ·vã

早饭 tsɵ˥ ·vã

中饭 tsoŋ˩ ·vã

晏饭 ɛ˥ ·vã 晚饭

点心 tiã˥ ·ɕin ①打尖（途中吃
　点东西）②糕饼之类食品

吃点心 tɕ‘iʔ˥ tiã˥ ·ɕin 农忙
　季节给干活的人吃，一般有锅
　巴、熟麦等

冻米 toŋ˥ ·mi 糯米做的点心

大麦交些 t‘a˥ mɤʔ˥ tɕiɵ˩ ·ɕi 熟
　大麦点心

食物 ɕi˥ vɤ˥

零食 lin˥ ɕiʔ˥

茶头 ts‘ɔ˥ ·ly 茶点

半夜餐 pɛ˥ ·i ts‘ã˥ 夜宵

吃半夜餐 tɕ‘iʔ˥ pɛ˥ ·i ts‘ã˥
　吃夜宵

米食

米饭　mi ·vã

剩饭　sən ·vã

现饭　xɛ ·vã　不是本餐新做的饭

煠饭　saʔ vã　加水重煮的比较稀的米饭

煳了　u ·ɔ　（饭）煳了

馊酸了　çy ·ɜɛ ·ɔ　（饭）馊了

锅巴　ko ·pɔ

粥　tsoʔ

饮汤　in ·tə　米汤

米糊　mi u　用米磨成的粉做的糊状食物

粽的　tsoŋ ·tɤʔ　粽子

面食

面粉　miã fən

面条　miã t'iə

挂面　ku miã

干切面　kɛ tç'iaʔ miã　机制的宽的干面条

汤面　t'ə miã　带汤的面条

面皮子　miã p'i ·tsʅ　用面做成的片状食物，吃法与汤面同

面糊　miã ·u　①用面做成的糊状食物②糨糊

馍馍　mo ·mo　馒头

包子　pə ·tsʅ

油条　y t'iə

烧饼　çiə ·pin

油煎饼　y tçiã ·pin　烙饼

卷子　kiã ·tsʅ　花卷儿

饺子　tçiθ ·tsʅ

心　çin　（饺子）馅儿

饺儿　tçiθ ·ɜ　馄饨

馃　ko　米做的圆馅饼，馅一般为萝卜、萝菜、辣椒、豆腐干、虾、腊肉、青菜等

没心馃　mɤ çin ·ko　没馅的馃

炒馃　ts'θ ko

萝菜　lo ·ts'ei　大白菜腌制的

糍粑　tsʅ ·pɔ　糯米做的

烧麦　çiə mɤ　烧卖

蛋糕　t'ã ·kθ　老式，小圆形的

汤果子　t'ə ko ·tsʅ　汤圆

汤圆　t'ə iã

月饼　n̪iaʔ ·pin

饼干　pin kɜ

酿子　n̪iə ·tsʅ　酵子，发酵用的面团

肉、蛋

肉丁　n̪ioʔ tin

肉片　n̪ioʔ p'iã

肉丝　n̪ioʔ sʅ

肉汆汤　n̪ioʔ ts'ɜ t'ə

肉皮　n̪ioʔ p'i

肉松　n̪ioʔ soŋ

腿子　t'ei ·tsʅ　猪肘子

猪脚　tsu tçioʔ　猪蹄儿

里精　li tçin　里脊

脚筋　tçioʔ ·tçin　蹄筋

牛舌头 ŋy˥ sɤʔ˥ ·tʰy

猪舌头 tsu˩ sɤʔ˥ ·tʰy

下水 xɔ˥ ·çi 猪牛羊的内脏

肺 fi˥

肠子 tɕiə˥ ·tsʅ

背脊骨 pei˥ tɕiʔ˥ kuʔ˥ 腔骨

排骨 pʰa˥ kuʔ˥

牛百叶 ŋy˥ pɤʔ˥ ·iaʔ 牛肚儿
（带毛状物的那种）

牛肚子 ŋy˥ tu˥ ·tsʅ 牛肚儿
（光滑的那种）

肝 kɛ˩

腰子 iɵ˩ ·tsʅ

鸡杂 tɕi˩ tsʰaʔ˥

鸡硬肝 tɕi˩ ŋɛ˥ ·kɛ 鸡肫

猪血（旺）tsu˩ çiaʔ˥ (vəˇ) 猪血

　紧血（旺）tɕin˅ çiaʔ˥ (vəˇ)

鸡血（旺）tɕi˩ çiaʔ˥ (vəˇ) 鸡血

炒鸡蛋 tsʰɵ˅ ·tɕi tʰã˥

荷包蛋 xo˥ ·pɵ tʰã˥ 油炸的

滚鸡蛋 kuən˅ ·tɕi tʰã˥ 水煮的鸡蛋，不带壳

萝卜蛋 lo˥ ·pʰoʔ tʰã˥ 连壳煮的鸡蛋

炖鸡蛋 tən˥ tɕi tʰã˥ 蛋羹

皮蛋 pʰi˥ tʰã˥ 松花蛋

咸鸡蛋 xã˥ tɕi˩ tʰã˥

咸鸭蛋 xã˥ aʔ˥ tʰã˥

香肠 çiɛi˩ tɕʰiə˥

菜

菜 tsʰei˥

素菜 su˥ tsʰei˥

荤菜 fən˩ ·tsʰei

腌菜 iã˩ ·tsʰei 咸菜

　咸菜 xã˥ ·tsʰei

小菜 çiɵ˥ ·tsʰei

干菜 kɛ˩ tsʰei˩ 煮熟后再晒干的蔬菜，咸的，包括干萝卜、干笋等

蕨干 tɕiaʔ˥ kɛ˩ 蕨菜干

豆腐 tʰy˥ ·u

豆腐皮 tʰy˥ ·u ·pʰi 可以用来做腐竹的

千张 tɕʰiã˩ ·tɕiə 薄的豆腐干片

干豆腐 kɛ˩ ·tʰy ·u 豆腐干儿

豆腐泡 tʰy˥ ·u pɵ˥

豆腐脑子 tʰy˥ ·u lɵ˥ ·tsʅ 豆腐脑儿

豆浆 tʰy˥ tɕiə˩

臭豆腐 tɕʰy˥ ·ly ·u 豆腐乳

粉丝 fən˅ sʅ˩ 山芋做的、细条的

粉条 fən˅ tʰiɵ˥ 山芋做的，粗条的

粉皮 fən˅ pʰi˥ 绿豆做的，片状的

面筋 miã˅ ·tɕin

凉粉 liə˥ ·fən 绿豆做的、凝冻状的

藕粉 ŋy˥ ·fən

荬粉 tɕ'iã˥˩ ·fən 山芋粉

木耳 moʔ˥ ·ʒ

银耳 in˧˥ ·ʒ

干黄花菜 kɛ˩ vә˥˩ ·fɔ ·ts'ei 金针

海参 xei˥˩ ·sən

海带 xei˥˩ ta˥

蜇皮 tsɤʔ˥ ·vi 海蜇

油盐作料

滋味 tsɿ˩ ·vi 吃的滋味

味道 vi˥ ·lә 尝的滋味

气味 tɕ'i˥ ·vi 闻的气味

颜色 ŋã˥˩ ·sɤʔ

荤油 fən˩ ·y

板油 pã˥˩ ·y 猪肚子上的整块油

化油 fɔ˥˩ ·y 附在猪肠子上的油

素油 su˥ ·y

花生油 fɔ˩ ·nes ·y

茶油 ts'ɔ˥˩ ·y

香油 ɕiә˩ ·y 菜子油

（脂）麻油（tsɿ˩）·cm ·y 芝麻油

盐 iã˧

粗盐 ts'u˩ iã˧

精盐 tɕin˩ iã˧

细盐 ɕi˥ iã˧

酱油 tɕiә˥ y˧

脂麻酱 tsɿ˩ ·cm tɕiә˥ 芝麻酱

豆瓣酱 t'y˥ ·pã tɕiә˥

辣椒酱 laʔ˥ tɕiә tɕiә˥

醋 ts'u˥

料酒 liә˥ tɕy

红糖 xoŋ˥˩ ·lә

白糖 p'ɤʔ˥ ·lә

冰糖 pin˩ ·lә

水果糖 ɕi˥ ·ko ts'ә

花生糖 fɔ˩ ·nes ·t'ә

麦芽糖 mɤʔ˥ ŋɤ˥˩ ts'ә

作料 tsɔʔ˥ liә˥

八角 paʔ˥ kɔʔ˥

桂皮 ki˥ p'i˥˩

花椒 fɔ˩ ·tɕiә

胡椒粉 u˥˩ ·tɕiә ·fən

烟、茶、酒

烟 iã˩

烟叶 iã˩ iaʔ˥

烟丝 iã˩ sɿ˩

香烟 ɕiã˥˩ iã˩

黄烟 vә˥˩ ·iã

水烟管 ɕi˥˩ ·iã kuɛ˥ 水烟袋（铜制的）

烟管 iã˩ kuɛ˥ 旱烟袋（细竹杆儿做的烟具）

烟盒 iã˩ xɤʔ˥

烟屎 iã˥˩ sɿ˩ 烟油子

烟灰 iã˩ fei˩

打火石 ta˥˩ xo˥˩ sɤʔ˥ 用火镰打的那种石头

媒子 mei˥˩ ·tsɿ 纸媒儿（草纸，即黄表纸，山芋藤做的）

茶 ts'ɔ˥˩（沏好的）茶水

茶叶 ts'ɔ˥˩ iaʔ˥

开水 kʻei˩ ·çi

泡茶 pʻɵ˥ tsʻɔ˩ 沏茶

倒茶 tɵ˥ tsʻɔ˩

白酒 pʻɤʔ˩ ·tçy

甜酒 tʻiã˩˥ ·tçy 江米酒

黄酒 vɵ˥ ·tçy

十五　红白大事

婚姻、生育

亲事 tçʻin˩ ·ʂʅ

做媒 tso˥ mei˥

媒人 mei˥˩ ·n̦in

相亲 çiɵ˥ tçʻin˩

　看人家 kʻã˥˩ n̦in˥˩ ·kɔ

相貌 çiɵ˥˩ ·mɵ

年龄 n̦iã˩˥ ·lin

定婚 tʻin˥ fɵn˩

　压庚 aʔ˥ kɵn˩

定礼 tʻin˥ li˥

喜期 çi˥˩ ·tçʻi 结婚的日子

喜酒 çi˥˩ ·tçy

陪嫁妆 pʻei˥ kɔ˥˩ ·tsɵ 过嫁妆

娶亲 tçʻi˥˩ tçʻin˩（男子）娶亲

接亲 tçiaʔ˥ tçʻin˩

出嫁 tsʻɤʔ˥ kɔ˥（女子）出嫁

嫁丫姑 kɔ˥ ·c ·ku 嫁闺女

结婚 tçiʔ˥ nɵ˩

花轿 fɔ˩ tçiɵ˥

拜堂 pʻa˥ tʻɵ˥

新郎官 çin˩ ·lə ·kuɛ 新郎

新娘子 çin˩ ·n̦iɵ ·tsʅ 新娘

新新妇房 çin˩ çin˩ ·u xɵ˥ 新房

交杯酒 tçiɵ˩ pei˩ tçy˥

暖房 lɜ˩ xɵ˥

回门 vei˥ mən˥

填房 tʻiã˥ xɵ˥ 从女方说

怀孕了 vã˩˥ ·in ·ɔ

　担肚子 tã˩ tu˥ ·tsʅ

　担身孕的 tã˩˥ sən˩ ·in ·tɤʔ 孕妇

小产 çiɵ˥˩ ·tsʻã

开小把戏 kʻei˩ çiɵ˥˩ ·pɔ ·çi 生孩子

接生 tçiaʔ˥ sən˩

胞衣 pɵ˩ ·i 胎盘

做产妇 tso˥ sã˥˩ ·u 坐月子

满月 mɛ˥ n̦iaʔ˥

头一胎 tʻy˥˩ iʔ˥ tʻei˩ 头胎

双胞胎 sɔ˩ pɵ˩˥ tʻei˩

打胎 ta˥˩ tʻei˩

遗父子 i˥˩ ·fu ·tsʅ 遗腹子（父亲死后才出生的）

吃奶 tçʻiʔ˥ la˥

奶头 la˥˩ tʻy˥

擦尿 tsʻaʔ˥ n̦iɵ˥（小孩子）尿床

　措尿 tsʻo˥ n̦iɵ˥ 撒尿

寿辰、丧葬

生日 sɛ˩ ·n̦

过生日 ko˥ sɛ˩ ·n̦ 做生日（指年轻人）

做寿 tsoˀ˥ çy˥ 指老人过寿

祝寿 tsoʔ˦ çy˥

寿星 çy˥˩ ·çin

丧事 sə˩ ·sʅ

做斋 tsoˀ˥ tsa˩ 一般要做 49 天，天天晚上念经

死了 sʅ˩˥ ·ɔ

丢了 ty˩ ·ɔ 孩子夭折

过世 ko˥ sʅ˥

棺材 kuɔ˩ ·ʒɤ

寿材 çy˥ ʒɤ˦ 生前预制的棺材

材罩 ʒɤ˩˥ tsoˀ˥ 竹制，扎有仙鹤等，罩住棺材

进棺材 tçin˥ kuɛ˩ ·ʒɤ 入殓

孝堂 xɵ˥˩ ·lə 灵堂

佛堂 fɤ́ˀ ·lə

坐夜 so˥ ɕi˥ 守灵

守孝 çy˩˥ çiɵ˦

带孝 ta˥ çiɵ˦

脱孝 t'ɤʔ˦ çiɵ˦ 除孝，一般在死后满月以后，上三次坟后

接回煞 tçia˦ ·vei saˀ˦

偷回煞 t'y˩ ·vei saˀ˦ 死后八九十来天接魂回家

正回煞 tsən˥˩ ·vei saˀ˦ 正式接魂回家

孝子 çiɵ˦ ·tsʅ

孝孙 çiɵ˦ ·sən

出葬 ts'ɤˀ˦ tsə˩ 出殡

送葬 soŋ˦ tsə˩

纸扎 tsʅ˩˥ tsaˀ˦ 用纸扎的人、马、房子等生活用具，用来烧给死者，包括童男童女、金山银山、纸幡等，送到坟地后，下葬以后烧

絮钱 çi˦˩ ·iã 纸钱

坟地 fən˦ t'i˥

坟墓 fən˦ mo˥

碑 pei˩

坟碑 fən˦ pei˩ 墓碑

上坟 sə˩ fən˦

挂钱 kuɔ˩ çiã˦ 清明前后，在坟前用纸制钱挂于树上

自杀 sʅ˥ saˀ˦

跳水 t'iɵ˦ ·çi 投水（自尽）

上吊 sə˩ tiɵ˦

尸首 sʅ˩ ·çy

骨灰坛 kuˀ˦ fei˦ t'ɛ˦ 骨灰坛子 骨灰匣子 kuˀ˦ fei˩ xaˀ˦ ·tsʅ

迷信

老天爷 lɵ˩˥ t'iã˩ ·i

灶公老爷 tsɵ˦˩ ·koŋ lɵ˩˥ ·i 灶王爷（一般腊月二十四给灶王爷烧香）

佛 fɤʔ˥

菩萨 p'u˦˩ saˀ˦

观音娘娘 kuɛ˩ in˩ ȵiɵ˦˩ ·ȵiɵ 观音菩萨 kuɛ˩ in˩ p'u˦˩ saˀ˦

土地庙 t'u˩˥ t'i˥ miɵ˩

土地公公 t'u˩˥ t'i˩ koŋ˩ ·koŋ

土地妈妈 t'u˩˥ t'i˩ cm˩˥ ·cm

关夫子庙 kuã˩ fu˩ ·tsʅ miɵ˩ 关帝庙

城隍庙 tsʻən˥˩˩ ·və ·mie

闫王 iã˥˩˩ va˧

祠堂 sɿ˥˩˩ ·lə

佛龛 fɤʔ˧ ·kʻã

香案 çiə˩ ˥ɜ

上供 sə˩ koŋ˥

蜡烛台 laʔ˧ tsoʔ˧ tʻei˧ 烛台

蜡烛 laʔ˧ tsoʔ˧ 敬神的那种长蜡
　　烛

卜秆香 pʻɤʔ˧ kã˥˩ çiə˩ 线香
　　（敬神的那种）

香炉 çiə˩ ·lu

烧香 çie˩˩ çiə˩

签诗 tçʻiã˩˩ sɿ˩ 印有谈吉凶的诗
　　文的纸条

求签 tçʻy˥˩ ·tçʻiã

卜卦 pʻɤʔ˧ kuo˥ 打卦

庙会 mie˥ vei˥

做道场 tso˥ tʻə˥ ·tçie

念经 ȵiã˩ tçin˩

测字 tsʻɤʔ˧ sɿ˩

看风水 kʻã˥ foŋ˩ ·çi

算命 sɛ˥ min˩

算命先生 sɛ˥ min˩ çiã˩ ·sən

看相的 kʻã˥ çiə˩˥˩ ·ɤʔ

许愿 çy˥˩ ȵiã˩

还愿 vã˧ ȵiã˩

喊魄 xã˥˩˥ ·pʻɤʔ 为受惊吓的小孩
　　儿招魂（筲帚上挂衣服，喊孩子
　　名）

测胖 tsʻɤʔ˧ pʻə˥ 孩子发烧头痛
　　时，用筷子蘸水在孩子头上顺绕

三圈，置于碗中竖立，同时喊魂

十六　日常生活

衣

穿衣裳 tsʻɛ˥˩ i˩ ·zə

脱衣裳 tʻɤʔ˧ i˩ ·zə

脱鞋 tʻɤʔ˧ xa˧

量衣裳 liə˧ i˩ ·zə

做衣裳 tso˥ i˩ ·zə

贴边 tʻiaʔ˧ piã˩ 缝在衣服里子边
　　上的窄条

滚边 kuən˥˩˥ piã˩ 在衣服、布鞋
　　等的边缘特别缝制的一种圆棱的
　　边儿

繰边 tçʻie˩ piã˩

缒鞋帮子 sə˩ xa˧ pə˩ ·tsɿ

缉鞋底 tçʻiʔ˧ xa˧ tiˇ 纳鞋底子

钉扣子 tin˥ kʻy˥˩ ·tsɿ

绣花 çy˥ fɔ˩

打补丁 ta˥˩˥ pu˥˩˥ ·tin

做被 tso˥ pʻi˩

洗衣裳 çi˥˩˥ i˩ ·zə

洗一回 çi˥˩˥ i˩ vei˧ 洗一次

清 tçʻin˩ 用清水漂洗

晒衣裳 sa˥˩˥ i˩ ·zə

晾衣裳 lə˥˩˥ i˩ ·zə

浆衣裳 tçiə˩ i˩ ·zə

熨衣裳 in˩˥ i˩ ·zə

食

起火 tɕʰiʌ˥ ·xo 生火

做饭 tsuꜚ vã˥

淘米 tʰɵʌ miꜚ

和面 xoꜚ miã˥

拌面 pʽɛꜚ miã˥

揉面 ȵyʌ miã˥

擀面条 kɛʌ miã˥˥ ·tʰiə

敨面条 tʽyʌ˥ miã˥˥ ·tʰiə 押面条

蒸馍馍 tɕin˥ moʌ˥ ·mo 蒸馒头

拣菜 kãʌ˥ tsʽeiꜚ 择菜

炒菜 tsʽɵʌ˥ tsʽeiꜚ

烧汤 ɕiɵꜚ tʽəꜚ 做汤

饭好下了 vã˥˥ xɵʌ˥˥ ·ɔ ·lɣʔ 饭
　菜做好了

生 sɛꜚ（饭）生

开饭 kʽeiꜚ vã˥

兜饭 tyꜚ vã˥ 盛饭

吃饭 tɕʰiʔꜚ vã˥

搛菜 kãꜚ tsʽeiꜚ

舀汤 iɵʌ˥ tʽəꜚ

吃早饭 tɕʰiʔꜚ tsɵʌ˥ ·vã

吃中饭 tɕʰiʔꜚ tsoŋꜚ ·vã 吃午饭

吃晏饭 tɕʰiʔꜚ ɛ˥˥ ·vã 吃晚饭

吃零嘴 tɕʰiʔꜚ lin˥˥ tɕiʌ 吃零食

用筷子 ioŋꜚ kʽuaꜚ˥ ·tsɿ

肉不烂 ȵioʔꜚ tɕɣʔꜚ lãꜚ

肉不熟 ȵioʔꜚ tɕɣʔꜚ soʔꜚ

咬不动 ŋɵʔꜚ tɕɣʔꜚ tʽoŋꜚ 嚼不动

噎住了 iaʔꜚ tsʽuʌ˥ ·ɔ

哽到了 kənʌ˥ ·tɵ ·ɔ

打嗝 taʌ˥ kɣʔꜚ

胀杀个 tɕiəꜚ˥ ·saʔ ·ko 撑死了

嘴巴没味道 tɕivʌ˥ ·pɔ moꜚ viꜚ˥
　·lə 嘴没味儿

喝茶 xɔꜚ˥ tsʽɔ˥

吃茶 tɕʰiʔꜚ tsʽɔ˥

喝酒 xɔꜚ˥ tɕyʌ

吃酒 tɕʰiʔꜚ tɕyʌ

吃烟 tɕʰiʔꜚ iãꜚ 抽烟

饿了 ŋoꜚ˥ ·ɔ

住

起床 tɕʰiʌ˥ səʌ

洗手 ɕiʌꜚ ɕyʌ

洗面 ɕiʌꜚ miã˥ 洗脸

漱口 suꜚ kʽyʌ

刷牙齿 saʔꜚ ŋɔʌ˥ ·tsʽɿ 刷牙

梳头 suꜚ tʽyʌ

梳辫子 suꜚ pʽiãꜚ ·tsɿ

梳巴巴头 suꜚ pɔꜚ poꜚ tʽyʌ 梳髻

剪指甲 tɕiãʌ˥ tsɿ˥ kʽaʔꜚ

掏耳道 tʽɵꜚ ȵʌ˥ ·tə 掏耳朵

洗澡 ɕiʌ˥ ·tsɵ

擦澡 tsʽaʔꜚ ·tsɵ

措尿 tsʽoꜚ ȵiəꜚ 小便（动词）

厕屎 ŋoꜚ ·sɿ 大便（动词）

乘凉 ɕin˥ liəˀ

晒太阳 saꜚ tʽaꜚ˥ ·iə

烘火 xoŋꜚ ·xo 烤火（取暖）

点灯 tiãʌ˥ tənꜚ

熄灯 ɕiʔꜚ tənꜚ

歇一下儿 ɕiaʔꜚ tɕiʔ xɔʌ˥ 休息一

会儿

铳瞌的 ts'oŋ˦ k'ɤʔ˦ ·tɤʔ 打盹儿

打炸轰 ta˅˥ tsɔ˥˩ ·xoŋ 打哈欠

困了 k'uən˥˩ ·ɔ

铺床 p'u˩ sɤ˩

躺下子 t'ə˅˥ ·xɤ ·tsʅ 躺一下

　仰下子 ɲ̩ei˩ ·xɤ ·tsʅ

困着了 k'uən˦ tɕ'iɔʔ˦ ·ɔ 睡着了

打呼 ta˅˥ ·fu

困不着 k'uən˥˩ ·pɤʔ tɕ'iɔ˦ 睡
不着

困中觉 k'uən˦ tsoŋ˩ ·kə 睡午觉

仰那睡 ɲ̩ei˩˅ ·kã k'uən˦ 仰着睡

侧着那睡 ts'ɤʔ˦ ·3· ·kã k'uən˦
侧着睡

趴着那睡 p'ɔ˩ ·ɔ· ·kã k'uən˦ 趴
着睡

撇了颈子 p'ia˦ ·a tɕin˅˥ ·tsʅ
落枕

抽筋 tɕ'y˅˥ tɕin˩

做梦 tso˦ moŋ˩

说梦话 sɤʔ˦ moŋ˅˥ ·vɔ

讲梦话 kə˅˥ moŋ˅˥ ·vɔ

魇住了 iã˅˥ ·ts'u ·ɔ

熬夜 ŋɤ˩˥ ·ci

打夜车 ta˅˥ iɔ˅˥ ·ts'ɔ 开夜车

行

下地 xɔ˥ ·ci t'i˦ 去地里干活

　到地里去 tə˦ t'i˩ ·lei ·tɕi

上工 sɤ˥ koŋ˩

收工 ɕy˩ koŋ˩

出去 ts'ɤʔ˦ k'ɔʔ˦

回家 vei˩˥ kɔ˩

逛街 kuɔ˦ ka˩

散步 sã˦ p'u˩

嬉下儿 ɕi˩ xɔŋ˅˥

十七　讼事

告状 kə˦ ts'ə˥

原告 ɲ̩iã˩ kə˦

被告 p'i˩ kə˦

状子 ts'ə˅˥ ·tsʅ

坐堂 so˥ t'ə˩

退堂 t'ei˦ t'ə˩

问案 vən˥ 3 ·

过堂 ko˦ t'ə˩

证人 tsən˦˥ ·ɲin

人证 ɲin˩ tsən˦

物证 vɤʔ˦ tsən˦

对证 tei˦ tsən˦ 对质

刑事 ɕin˅˥ ·sʅ

民事 min˩ ·sʅ

家务事 kɔ˩ ·u ·sʅ △清官难断~

律师 li˦ ·sʅ

服 fɤʔ˦

不服 pɤʔ˦ fɤʔ˦

上诉 sə˦ su˩

宣判 ɕiã˩ p'3˦

招认 tsə˩ ·ɲin

承认 ts'ən˦˥ ·ɲin˩

口供 k'y˅˥ ·koŋ

供 koŋ˧ ~出同谋
招 tsɵ˩
同伙 t'oŋ˧ ·xo
老犯人 lɵ˧ ·vã ·n̠in 故犯
犯法 vã˧ fa?˧
犯罪 vã˧ sei˧
诬告 u˩ ·kɵ
连累 liã˥ ·lei
保释 pɵ˥ sɤ?˧
逮捕 tɛ˥ p'u˥
押送 a?˧ soŋ˧
牢车 lɵ˩ ts'ɔ˩ 囚车
青天老爷 tɕ'in˩ ·t'iã lɵ˥ ·i
邋遢官 la?˧ t'a?˧ kuɛ˩ 赃官
受贿 çy˧ vei˧
行贿 çin˧ vei˧
罚款 fa?˧ k'uɛ˥
砍头 k'ã˥ t'y˧ 斩首
枪决 tɕ'iɜ˥ kia?˧ 枪毙
　枪毙 tɕ'iɜ˥ pi˧
拷打 k'ɵ˥ ta˥
打屁股 ta˥ p'i˧ ·ku
上枷 sɵ˥ ·kɔ
手铐 çy˥ k'ɵ˧
脚镣 tɕiɔ?˧ liɵ˧
绑起来 pɵ˥ ·tɕ'i ·lei
　捆起来 k'uən˥ ·tɕ'i ·lei
关起来 kuã˩ ·tɕ'i ·lei
坐牢 so˧ lɵ˧
探监 t'ã˩ kã˩
立字据 li?˧ sʅ˧ tɕy˧
画押 vɔ˧ a?˧

捺手印 la?˧ çy˥ ·in
交税 tɕiɵ˩ sei˧
地租 t'i˧ tsu˩
地契 t'i˧ tɕ'i˧
税契 sei˧ tɕ'i˧ 持契交税盖印，使契有效
执照 tsɤ?˧ tsɵ˧
告示 kɵ˧ ·ʐ
布告 pu˩ kɵ˧
通知 t'oŋ˩ tsʅ˩
路条 lu˧ t'iɵ˧
命令 min˧ lin˧
公章 koŋ˩ tsɵ˩
私访 sʅ˩ fɵ˥
交代 tɕiɵ˩ t'ei˧ 把经手的事务移交给接替的人
上任 sɵ˧ n̠in˧
谢任 çiɔ˧ n̠in˧ 卸任
罢免 po˧ miã˥
案卷 ɛ˧ kiã˧
传票 ts'ɛ˥ p'iɵ˧

十八　交际

应酬 in˧ ·tɕ'y
来往 lei˥ ·vɵ
看人 k'ã˩ n̠in˧ 看望人
　望人 mɵ˧ n̠in˧
拜访 pa˩ fɵ˥
回拜 vei˥ pa˩
客人 k'ɤ?˧ n̠in˧

请客 tɕ'in˥˩ k'ɤʔ˦˥
招待 tɕiɵ˩ t'ei˥
男客 lɛ˦ k'ɤʔ˦˥
女客 ŋ̩˥˩ k'ɤʔ˦˥
送礼 soŋ˥ li˥
礼物 li˥˩ vɤʔ˦˥
人情 ȵin˦ tɕ'in˦
做客 tso˥ k'ɤʔ˦˥
待客 t'ei˥ k'ɤʔ˦˥
陪客 p'ei˦ k'ɤʔ˦˥
送客 soŋ˥ k'ɤʔ˦˥
不送了 pɤʔ˦˥ soŋ˥˩ ·lɤʔ 主人送别时说的客气话
谢谢 ɕiɔ˥˩ ·ɕiɔ
不客气 pɤʔ˦˥ k'ɤʔ˦˥ tɕ'i˥
摆酒席 pa˥˩ tɕy˥˩ ɕiʔ˦˥
一桌酒席 iʔ˥ tsoʔ˦˥ tɕy˥˩ ɕiʔ˦˥
请帖 tɕ'in˥˩ t'iaʔ˥
下请帖 xɔ˥ tɕ'in˥˩ ·t'iaʔ
入席 ȵiʔ˦˥ ɕiʔ˦˥
首席 ɕy˥˩ ·iaʔ 酒席中最重要的位置
上菜 sə˩ ts'ei˥
斟酒 tsən˩ tɕy˥
劝酒 k'iã˥ tɕy˥
干杯 kɛ˥ pei˩
无名帖 u˦ min˦ t'iaʔ˦˥ 匿名帖子
不和 pɤʔ˦˥ xo˦
冤家 iã˩ ·kɔ
不平 pɤʔ˦˥ p'in˦ 不公平的事
冤枉 iã˩ ·və
插嘴 ts'aʔ˦˥ tɕy˥

做作 tso˥˩ tsɤʔ˦˥
摆架子 pa˥˩ kɔ˥˩ ·tsɿ
装孬 tsə˩˥ ·lə 装傻
出洋相 ts'ɤʔ˦˥ ·ei ɕiə˥˩
丢人 ty˩ ȵin˦
巴结 pɔ˩ tɕiaʔ˦˥
拉关系 la˩ kuã˩ ·ɕi 拉近乎
看得起 k'ɛ˥ ·tɤʔ ·tɕ'i
看不起 k'ɛ˥ ·pɤʔ ·tɕ'i
合伙 xɤʔ˦˥ xo˦
答应 taʔ˩ ·in
不答应 pɤʔ˦˥ taʔ˦˥ ·in
赶出去 kɛ˥˩ ·ts'ɤʔ ·tɕ'i
拦出去 lɛ˦˩ ·ts'ɤʔ ·tɕ'i

十九　商业　交通

经商行业

字号 sɿ˥ xɵ˥˩
招牌 tɕiɵ˩ ·va
广告 kuə˥˩ kɵ˥
开店 k'ei˩ tiã˥
店面 tiã˥ miã˥
摆摊子 pa˥˩ t'ã˩ ·tsɿ
跑单帮 p'ɵ˦ tã˩ ·pə
做生意 tso˥ sən˩ ·i
旅社 ly˥˩ sɔ˥ 旅店
饭馆 vã˥ ·kuɛ
下馆子 xɔ˥ kuɛ˥˩ ·tsɿ
跑堂的 p'ɵ˦ t'ã˦ ·tɤʔ 堂倌儿

布店 puㄱㄥ ·tiã

百货店 pɤʔㄱ ·xo tiãㄱ

杂货店 tsʻaʔㄱ ·xo tiãㄱ

油盐店 yㄱ iãㄱ tiãㄱ

粮站 liəㄱㄣ tsʻãㄱ 粮店

瓷器店 tsʻʅㄥ ·tɕʻi tiãㄱ

文具店 vənㄥ ·tɕy tiãㄱ

茶馆 tsʻɔㄱ ·kuɛ

剃头店 tʻiㄱ tʻyㄱ tiãㄱ 理发店

剃头 tʻiㄱ tʻyㄱ 理发

刮面 kuaʔㄱ miãㄱ 刮脸

刮胡子 kuaʔㄱ uㄥ ·tsʅ

肉店 ȵioʔㄱ tiãㄱ 肉铺

杀猪 saʔㄱ tsu

油坊 yㄥ ·və

当铺 təㄱ pʻuㄱ

租房子 tsu fəㄥ ·tsʅ

典房子 tiãㄣ fəㄥ ·tsʅ

煤店 meiㄱ tiãㄱ 煤铺

煤球 meiㄱ tɕʻyㄱ

蜂火煤 foŋㄥ ·xo meiㄱ 蜂窝煤

经营、交易

开业 kʻeiㄥ ȵiaʔㄱ

停业 tʻinㄥ ȵiaʔㄱ

盘点 pʻɛㄱ tiãㄣ

柜台 kʻiㄱ tʻeiㄱ

开价 kʻeiㄥ kɔㄱ

还价 vãㄱ ·kɔ

便宜 pʻiãㄥ ·i

贵 kiㄱ

公道 koŋㄥ ·tʻə

倒下来 təㄣ ·xɔ ·lei 包圆儿
（剩下的全部买了）

生意好 sənㄥ ·i xɔㄣ

生意清淡 sənㄥ ·i tɕʻinㄥ tʻãㄱ

工钱 koŋㄥ ·iã

本钱 pənㄥ ·iã

保本 pəㄥ ·pən

赚钱 tsʻãㄱ ɕiãㄱ

亏本 kʻiㄥ ·pən

路费 luㄱ fiㄱ

利息 liㄱ ɕiʔㄱ

运气好 inㄥ ·tɕʻi xɔㄣ

差 tsʻɔㄥ 欠（～他三元钱）

押金 aʔㄱ tɕinㄥ

账目、度量衡

账房 tɕiəㄱㄥ ·və

开销 kʻeiㄥ ·ɕiə

收账 ɕyㄱ tɕiəㄱ 记收入的账

出账 tsʻɤʔㄱ tɕiəㄱ 记付出的账

欠账 tɕʻiãㄱ tɕiəㄱ

差账 tsʻɔㄥ tɕiəㄱ

要账 iəㄱ tɕiəㄱ

讨账 tʻəㄣ tɕiəㄱ

烂账 lãㄱ tɕiəㄱ 要不来的账

水牌 ɕiㄥ pʻaㄱ 临时记账用的木牌或铁牌

发票 faʔㄱ pʻiəㄱ

收据 ɕyㄱ kiㄱ

存款 tsʻənㄱ ·kuɛ

整钱 tsənㄥ ɕiãㄱ

零钱 linㄱ ɕiãㄱ

钞票 ts'ɵ˩ p'iɘ˥ 纸币

钱 ɕiã˩

硬币 ŋən˥ ·p'i

角子 kɔʔ˥ ·tsɿ

铜钱 t'oŋ˩˨ ·iã 铜板儿

洋钱 iɘ˩˨ ·iã 银元

一分钱 iʔ˥ fən˩ ɕiã˩

一角钱 iʔ˥ kɔʔ˥ ɕiã˩

一毛钱 iʔ˥ mɵ˩ ɕiã˩

一块钱 iʔ˥ k'ua˨ ·ɕiã

十块钱 sɤʔ˥ k'ua˨ ·ɕiã

一百块钱 iʔ˥ pɤʔ˥ k'ua˨ ɕiã˩

一张票子 iʔ˥ tɕiɘ˩ p'iɘ˨ ·tsɿ

一个铜钱 iʔ˥ ·ko t'oŋ˨ ·iã 一个铜子儿

算盘 sɛ˩ p'ɛ˩ / sɛ˨ ·vɘ

天平 t'iã˩ p'in˩

戥子 tən˨ ·tsɿ

秤 tɕ'in˥

磅秤 pə˨ ·tɕ'in

秤盘 tɕ'in˥ p'ɛ˩

秤星 tɕ'in˥ ɕin˩

秤杆子 tɕ'in˥ kɛ˨ ·tsɿ

秤钩的 tɕ'in˥ ky˩ ·tɤʔ 秤钩子

秤砣 tɕ'in˥ t'o˩

秤纽索 tɕ'in˨ ·ŋy sɔʔ˥ 秤毫

秤旺点 tɕ'in˥ vɘ˩ tiã˨ （称物时）秤尾高

秤平点儿 tɕ'in˥ p'in˩ tiã˨ n̩ʮ̩ （称物时）秤尾低

假秤 kɔ˨ ·tɕ'in

刮板 kuaʔ˥ pɛ˨ 平斗斛的木片

交通

铁路 t'iaʔ˥ lu˥

铁轨 t'iaʔ˥ ki˨

火车 xo˨ ts'ɔ˩

火车站 xo˨ ts'ɔ˩ ts'ã˥

公路 koŋ˩ lu˥

汽车 tɕ'i˩ ·ts'ɔ

客车 k'ɤʔ˥ ·ts'ɔ

货车 xo˨ ·ts'ɔ

公共汽车 koŋ˩ ·k'oŋ tɕ'i˩ ·ts'ɔ

小轿车 ɕiɘ˨ tɕ'iɘ˨ ·ts'ɔ

摩托车 mo˩ t'ɔ˥ ts'ɔ˩

三轮车 sã˩ lən˩ ts'ɔ˩ 载人三轮车

平板三轮车 p'in˩ pã˨ sã˩ lən˩ ts'ɔ 载货三轮车

脚踏车 tɕiɔʔ˥ t'aʔ˥ ts'ɔ˩ 自行车

板车 pã˨ ts'ɔ˩ 人力拉的大车

独轮车 t'oʔ˥ lən˩ ts'ɔ˩

船 sɛ˩

帆 fã˩

篷子 p'oŋ˨ ·tsɿ

桅杆 vi˨ ·kɛ

舵 t'o˩

橹 lu˩

桨 tɕiɘ˨

篙子 kɵ˩ ·tsɿ

跳板 t'iɘ˩ pã 上下船用

帆船 fã˩ ·ʐɿ

渔船 n̩˩ ·ʐɿ

渡船 t'u˨ ·ʐɿ

轮船 lən⌐⊿ ·ʐɛ

过渡 ko⌐ t'u⌐ 过摆渡（坐船过河）

渡口 t'u⌐ ·k'y

二十　文化教育

学校

学校 xɔʔ˥ ɕiə⌐

上学 sə˩ xɔʔ˥ ①开始上小学②去学校上课

放学 fə˩ xɔʔ˥ 上完课回家

躲学 to⊿⊿ xɔʔ˥ 逃学

幼儿园 y⌐ ·ɛ iã⊿ 年龄较大的孩子上的

托儿所 t'o⌐ ʐɜ˥ ɛ˩ so⊿ 年龄较小的孩子上的

私塾 sʅ⊿ soʔ⌐

学费 xɔʔ˥ fi⌐

放假 fə˩ kɔ⊿

暑假 su⊿⊿ ·kɔ

寒假 xɛ⊿ ·ʐɜ ·kɔ

请假 tɕ'in⊿⊿ ·kɔ

教室、文具

教室 tɕiə⌐ ʂɤʔ⌐

上课 sə˩ k'o⌐

下课 xɔ˥ k'o⌐

讲台 kə⊿⊿ t'ei⊿

黑板 xɤ˥ pã⊿

粉笔 fən⊿⊿ ·piʔ

黑板擦子 xɤʔ˥ pã⊿ ts'aʔ⌐ ·tsʅ 板擦儿

点名簿 tiã⊿⊿ min⊿ p'u⌐ 点名册

戒尺 ka⌐ ts'ɤʔ⌐

笔记本 piʔ⌐ ·tɕi pən⊿

课本 k'o⌐ ·pən

铅笔 k'ã⌐⊿ ·piʔ

橡皮 ɕiə⌐ p'i⊿

铅笔刀 k'ã⌐⊿ ·piʔ tə⌐

圆规 iã⊿ ·ki

三角板 sã⌐ kɔʔ⌐ pã⊿

镇尺 tsən⌐ ts'ɤʔ⌐ 镇纸

作文本 tsɔʔ⌐ vən⊿ pən⊿

大字本 t'a⊿⊿ ·zʅ pən⊿

描红本 miə⊿ xoŋ⊿ pən⊿

钢笔 kə⌐⊿ ·piʔ

水笔 ɕi⊿⊿ ·piʔ

毛笔 mə⊿⊿ ·piʔ

笔套子 piʔ⌐ t'ɤ⌐⊿ ·tsʅ 笔帽（保护毛笔头的）

笔筒 piʔ⌐ t'oŋ⊿

砚船 ŋiã⊿⊿ ·ʐɛ 砚台

磨墨 mo⊿ miʔ⌐

墨盒子 miʔ⌐ xɤʔ˥ ·tsʅ

墨汁 miʔ⌐ tsɤʔ⌐ 毛笔用的

搽墨 t'iã⌐ miʔ⌐ 搽笔（动宾）

墨水 miʔ⌐ ɕi 钢笔用的

书包 su⌐ ·pɤ

读书识字

念书人 ŋiã⌐ su⌐ ŋin⊿ 读书人

认字的 ȵin˥ sʅ˥˩ ·tɤʔ 识字的
不识字的 pɤʔ˥ çiʔ˥ sʅ˩ ·tɤʔ
念书 ȵiã˥ su˩ 读书
温书 vən˩ su˩
背书 p·ei˥ su˩
报考 pə˥ ·k·ɵ
考场 k·ɵ˥˩ tç·iə˩
入场 ȵiʔ˩ tç·iə˩ 进考场
考试 k·ɵ˥˩ sʅ˩
考卷 k·ɵ˥˩ kiã˥
满分 mɛ˥ fən˩
零分 lin˥ fən˩
开榜 k·ei˥˩ ·pə 发榜
头名 t·y˥˩ ·min
末名 mɤʔ˥ ·min
毕业 piʔ˥ ȵiaʔ˥
文凭 vən˥ ·p·in

写字

大楷 t·a˥ ·k·a
小楷 çiɵ˥˩ ·k·a
字帖 sʅ˥ t·iaʔ˥
临帖 lin˥ t·iaʔ˥
涂了渠 t·u˥˩ ·lɔ ·ei （把它）涂了
写白字 çiɔ˥˩ ·p·ɤʔ sʅ˥
写错字 çiɔ˥˩ ·ts·o sʅ˥
倒笔字 tɵ˥˩ ·piʔ ·sʅ 写鬥字（笔顺不对）
掉字 tiɵ˥ sʅ˥
脱字 t·ɤʔ˥ sʅ˥
草稿 ts·ɵ˥˩ ·kɵ

打稿子 ta˥˩ kɵ˥˩ ·tsʅ 起稿子
誊写 t·ən˩ çiɔ˥˩ 誊清
一点 iʔ˥ tiã˥˩
一横 iʔ˥ vɛ˥
一竖 iʔ˥ su˩
一撇 iʔ˥ p·iaʔ˥
一捺 iʔ˥ laʔ˥
一勾 iʔ˥ ky˩
一挑 iʔ˥ t·iɵ˩
一踢 iʔ˥ t·iaʔ˥
一画 iʔ˥ vɔ˥
边旁 piã˩ p·əʔ˥ 偏旁儿
站人旁 tsã˥˩ ·ȵin p·əʔ˥ 立人儿（亻）
双人旁 sɵ˩ ·ȵin p·əʔ˥ 双立人儿（彳）
弯弓张 vã˩ koŋ˩ tsə˩
立早章 liʔ˥ tsɵ˥˩ tsə˩
禾苗程 xo˥˩ ·miɵ ts·ən˥ 禾旁程
口字框 k·y˥˩ ·zʅ k·uə˩ 四框栏儿（口）
宝盖头 pɵ˥˩ ·kei t·y˥ 宝盖头（宀）
竖心旁 su˥˩ çin˩ p·əʔ˥ 竖心旁（忄）
披毛旁 p·i˩ mɵ˥˩ p·əʔ˥ 反犬旁（犭）
刮刀旁 kuaʔ˥ tɵ˩ p·əʔ˥ 单耳刀儿（卩）
耳道旁 ȵ˩ ·tɵ p·əʔ˥ 双耳刀儿（阝）
反文旁 fã˥˩ vən˥ p·əʔ˥ 反文旁

（攵）

王字旁 və˧˩ ·zʅ p·ə˥ 斜玉儿
（玉）

踢土旁 t'i˩ʔ t'u˨˩ p·ə˥ 提土旁
（土）

竹字头 tsɔʔ˩ ·tsʅ t'y˥ 竹字头
（竹）

火字旁 xo˥˩ ·zʅ p·ə˥

四点底 sʅ˧ tiã˥˩ ti˨ 四点底
（灬）

三点水（旁）sã˩ tiã˥˩ çi˨
（p·ə˥）三点水（氵）

两点水（旁）liə˩ tiã˥˩ çi˨
（p·ə˥）两点水（冫）

病字旁 p·in˧ ·zʅ p·ə˥ 病字旁
（疒）

走字旁 tsu˥˩ ·zʅ p·ə˥ 走字旁
（辶）

托手旁 t'ɔʔ˩ ·çy p'ə˥ 提手旁
（扌）

提手旁 t'iʔ˩ ·çy p·ə˥

绞丝旁 tçiə˥˩ ·tsʅ p·ə˥ 绞丝旁
（纟）

草字头 ts'ə˥˩ ·zʅ t'y˥ 草字头
（艹）

二十一　文体活动

游戏、玩具

风筝 foŋ˩ tsən˩

鹞的 iə˥˩ ·tɤʔ

躲猫儿伴 to˥˩ mən˩ p·ə˧˩ 捉迷藏

踢毽子 t'iʔ˩ tçiã˩˥ ·tsʅ

抓子 tsɔ˩ tsʅ˩ 用几个小沙包或石子儿，扔起其一，做规定动作后再抓起其他

弹子 t·ã˨˥ tsʅ˩ 弹球儿

削飘飘的 çiɤʔ˩ p·iə˩ p·iə˩ ·tɤʔ 打水飘儿

跳房子 t'iə˩ fə˨˥ ·tsʅ

跳房间 t'iə˩ fə˥ xə˨˥ ·kā

翻东司 fã˩ toŋ˩ ·sʅ 翻绳（两人轮换翻动手指头上的细绳，变出各种花样）

划拳 vɔ˥ k·iã˥

打谜的 ta˥˩ p·i˩ ·tɤʔ 出谜语

猜谜的 ts'ei˩ p·i˩ ·tɤʔ 猜谜语

不倒翁 pɤʔ˩ təʔ˥˩ oŋ˩

牌九 p·a˥˩ ·tçy

麻将 mɔ˥˩ ·tçiə

掷色子 tsɤʔ˩ sɤʔ˩ ·tsʅ

押宝 aʔ˩ pə˥

火炮 xo˥˩ ·p·ə 爆竹

放火炮 fə˥ xo˥˩ ·p·ə 放鞭炮

打火炮 ta˥˩ xo˥˩ ·p·ə

红通 xoŋ˥ t'oŋ˩ 二踢脚

烟红 iã˩ ·xoŋ 烟火

放礼炮 fə˥ li˩ ·p·ə 放花炮

龙灯 loŋ˥ tən˩

板龙 pã˥˩ loŋ˥ 龙灯的一种，用绳索将一米多长木板连接起来做

成

滚龙 kuən˦˥ loŋ˧ 龙灯的一种，完整的，用布做成

体育

象棋 ɕiə˥ tɕ'i˧

下棋 xɔʔ˥ tɕ'i˧

将 tɕiə˦

帅 sei˦

士 sʅ˥

象 ɕiə˥

相 ɕiə˥

车 ki˨

马 mɔ˥

炮 p'θ˦

兵 pin˨

卒 tsɤʔ˥

拱卒 koŋ˥˦ ·tsɤʔ

上士 sɔ˥es sʅ˥ 士走上去

落士 lɔʔ˥ sʅ˥ 士走下来

飞象 fi˨ ɕiə˥

落象 lɔʔ˥ ɕiə˥

将军 tɕiə˦˥ kin˨

围棋 vi˧ tɕ'i˧

黑子 xɤʔ˥ ·tsʅ

白子 p'ɤʔ˥ ·tsʅ

和棋 xo˧ tɕ'i˧

拔河 p'aʔ˥ xo˧

游泳 y˧ in˦

仰泳 ȵiə˥ ·in

蛙泳 vɔ˥ ·in

自由泳 sʅ˥ y˧ ·in

潜水 ɕiã˧ ·ɕi

打球 ta˥ tɕ'y˧

赛球 sei˦ tɕ'y˧

乒乓球 p'in˨ ·p'ə tɕ'y˧

篮球 lã˧˥ ·y

排球 p'a˧˥ ·y

足球 tsoʔ˥ ·y

羽毛球 y˧˥ ·mə tɕ'y˧

跳远 t'iθ˦ iã˥

跳高 t'iθ˦˥ kθ˨

武术、舞蹈

翻跟头 fã˥˦ kən˨ ·ly

打八折头 ta˥˦ paʔ˥ tsɤʔ˥ ·ly 打车轮子（连续翻好几个跟头）

竖蜻蜓的 su˥ tɕ'in˨ ·min ·tɤʔ 倒立

舞狮的 u˥ sʅ˥ ·tɤʔ 舞狮子

蹚路船 t'ə˧˥ ·lu sɜ˥ 跑旱船

高跷 kθ˨ tɕ'iθ˦

对刀 tei˦ tθ˨

玩刀 vã˧ tθ˨ 耍刀

对枪 tei˦ tɕ'iə˥

玩枪 vã˧ tɕ'iə˥ 耍枪

玩流星 vã˧ ly˧˥ ɕin˨ 耍流星

跳秧歌舞 t'iθ˦ iə˥ ko˨ u˥ 扭秧歌儿

打腰鼓 ta˥˦ iθ˥ ·ku

跳舞 t'iθ˦ u˥

戏剧

木头戏 moʔ˥ ·ly ·ɕi 木偶戏

皮影戏 pʻiˊ inˇ ·çi

大戏 tʻaˉ çiˉ 大型戏曲，角色多、
　乐器多、演唱内容复杂

京剧 tɕin˩ tɕyˉ
　京戏 tɕin˩ çiˉ

话剧 voˊ ·tɕy

戏园子 çiˉ iãˇ ·tsʅ 戏院

戏台 çiˉ tʻeiˊ

演员 iãˇ ·iã

玩把戏 vãˊ poˇ ·çi 变戏法
　（魔术）

说书 sɤʔˉ su˩

花面 fo˩ miãˉ 花脸

小丑 çiɵˇ ·tɕʻy

老生 leˊ ·sən

小生 çiɵˇ ·sən

武生 uˊ ·sən

武旦 uˊ ·tã 刀马旦

老旦 leˊ ·tã

青衣 tɕʻin˩ ·i

花旦 fo˩ ·tã

小旦 çiɵˇ ·tã

跑龙套 pʻɵˊ loŋˊ tʻɵˉ

二十二　动作

一般动作

站 tsãˉ

蹲 tənˉ

蹪倒了 kʻuãˉ tɵˇ ·o 跌倒了

爬起来 pʻoˇ tɕʻi ·lei

摇头 iɵˊ tʻyˊ

点头 tiãˇ tʻyˊ

抬头 tʻeiˊ tʻyˊ

低头 ti˩ tʻyˊ

回头 veiˊ tʻyˊ

面转过去 miãˉ tsɤˇ ·ko ·tɕʻi
　脸转过去

睁眼 tsən˩ ŋãˉ

瞪眼 tənˉ ŋãˉ

闭眼 piˉ ŋãˉ

挤眼 tɕiˇ ŋãˉ

夹眼睛 kaʔˉ ŋãˉ ·tɕin 眨眼

碰见 poŋˉ ·tɕiã 遇见

看 kʻɛˉ

眼睛乱转 ŋãˉ ·tɕin lɛˉ ·tsɤ

淌眼泪 tʻɵˇ ŋãˉ ·li 流眼泪

□嘴巴 lɔˉ tɕiˇ ·po 张嘴

闭嘴巴 piˉ tɕiˇ ·po 闭嘴

抿嘴巴 minˉ tɕiˇ ·po 努嘴

搦嘴巴 ȵiɔˊ tɕiˇ ·po 噘嘴

翘嘴巴 tɕʻiɵˉ tɕiˇ ·po

举手 tɕyˇ çyˇ

摆手 paˇ çyˇ

撒手 saˇ çyˇ

伸手 sənˉ ·çy

动手 tʻoŋˉ ·çy 只许动口，不许~

拍手 pʻɤʔˉ ·çy

背着手 pʻeiˉ ·o ·çy

抱手 pɵˇ ·çy 叉着手儿（两手
　交叉在胸前）

笼着手 loŋˇ ·o ·çy 双手交叉

伸到袖筒里
拨 pɤʔ˧ 拨拉
捂住 u˧ tsʻu˧
摸 mo˩ 摩挲
托 tʻɕʔ˧ 搋（用手托着向上）
端屎 tɛ˩ ·sʅ 把屎（抱持小儿双腿、哄他大便）
端尿 tɛ˩ ȵiɵ˧ 把尿
扶着 fu˧˥ ·tɕiɔʔ
弹指拇 tʻã˩ tsɤʔ˧ mo˧ 弹指头
捏拳子 ȵiaʔ˧ kʻɛ˧˥ ·tsʅ 攥起拳头
跺脚 to˧ tɕiɔʔ˧
踮脚 tiã˩ tɕiɔʔ˧
跷二郎腿 tɕʻiɵ˧ ɛ˧˥ ·lə ·tʻei
蜷腿 kʻiã˩ ·tʻei
抖腿 ty˧˥ ·tʻei
踢腿 tʻiʔ˧ ·tʻei
弯腰 vã˧˩ iɵ˩
伸腰 sən˩ ·iɵ
撑腰 tsʻən˧˩ iɵ˩ 支持
翘屁股 tɕʻiɵ˧ pʻi˧˥ ·ku 撅屁股
碓背 tei˧ pei˧ 捶背
哄鼻涕 xoŋ˧˥ pʻiʔ˧ tʻi˧ 擤鼻涕
吸鼻涕 ɕiʔ˧ pʻiʔ˧ tʻi˧ 吸溜鼻涕
打跳星 ta˥ tʻiɵ˧˥ ·ɕin 打喷嚏
闻 vən˧
嫌弃 ɕiã˧˥ ·tɕʻi
撂 liɵ˧ 扔（把没用东西~了）
说 sɤʔ˧
跑 pʻɵ˧
走 tsu˥

放 fə˧ 放置
掺 tsʻã˩ 掺兑
收 ɕy˩ 收拾（东西）
选择 ɕiã˧˥ ·tsɤʔ
　拣 kã˥ ~日子，~菜
拎 lin˩
捡起来 tɕiã˧˥ ·tɕʻi ·lei
擦落去 tsʻaʔ˧ ·lɔʔ ·i 擦掉
揩落去 kʻa˩ ·lɔʔ ·i
笪落去 tsʻa˩ ·lɔʔ ·kʻɔʔ 丢失
忘杀 mə˧˥ ·saʔ 落（因忘而把东西遗放在某处）
找到了 tsɵ˧˥ ·tɵ ɔ 找着了
囥起来 kʻə˧˥ ·tɕʻi ·lei（把东西藏起来）
躲起来 to˧˥ ·tɕʻi ·lei / to˧˥ ·ɕi ·lei（人）藏起来
码起来 mɔ˧˥ ·tɕʻi ·lei

心理活动

悉得 ɕi˧ tɤʔ˧ 知道
懂了 toŋ˧˥ ·ɔ
会了 vei˧ ·ɔ
认得 ȵin˧˥ tɤʔ˧
不认得 pɤʔ˧ ȵin˧˥ tɤʔ˧
认字 ȵin˩ sʅ˩ 识字
想想 ɕiã˧˥ ·ɕiã
估计 ku˧˥ tɕi˩
想主意 ɕiɵ˧˥ tsu˧˥ ·i
猜想 tsʻei˩ ·ɕiɵ
料定 liɵ˧ tʻin˧
主张 tsu˧˥ ·tɕiɵ

相信 ɕiə˩ ·ɕin

怀疑 va˦˧ ŋ˦

犹疑 y˦ i˦

留神 ly˦ sən˦

害怕 xɤ˩ pʼɔ˩

吓到了 xɤʔ˩ tɵ˥ ·ɔ 吓着了

着急 tsɔʔ˩ tɕiʔ˩

挂念 kuɔ˥ ŋiã˩

放心 fə˥ ɕin˩

盼望 pʼɛ˥ vɤ˩

巴不得 pɔ˩ pɤʔ˩ tɤʔ˩

记着的 tɕi˦˩ ·ɔ tɤʔ˩ 记着（不要忘）

忘杀去 mə˥ saʔ˩ ·kʼɔ 忘记了

想起了 ɕiə˥˧ ·tɕi ·lɔ 想起来了

眼红 ŋã˩ ·xoŋ 嫉妒

讨厌 tʼɵ˥˧ iã˦

恨 xən˥

羡慕 ɕiã˥ mo˥

偏心 pʼiã˥˧ ɕin˩

忌妒 tɕi˦˩ ·tu

怄气 ŋy˦ tɕi˦

埋怨 ma˥˧ ·iã 抱怨

憋气 pʼiaʔ˩ tɕi˦

生气 sən˩ tɕi˦

爱惜 ei˦˩ ɕiʔ˩（对物）爱惜

心痛 ɕin˩ tʼoŋ˥（对人）疼爱

欢喜 fɛ˩ ·ɕi 喜欢

感谢 kɛ˥˧ ɕiə˥

娇惯 tɕiə˩ ·kuã

宠爱 tsʼoŋ˥˧ ei˥

迁就 tɕʼiã˩ ·ɕy

语言动作

说话 sɤ˩ vɔ˥

谈心 tʼã˦ ɕin˩ 聊天

搭茬 taʔ˩ ·tsʼɔ

不做声 pɤ˥ tsoʔ˩ sɛ˩

骗 pʼiã˥

告诉 kə˥ ·su

抬杠子 tʼei˦ kə˥ ·tsɿ 抬杠

顶嘴 tin˥˧ tɕi˥

得架 tɤʔ˩ kɔ˥ 吵架

打架 ta˥˧ kɔ˥

得 tɤʔ˩ 骂（破口骂）

被人得 pʼi˩ ŋin˦ tɤʔ˩ 挨骂

嘱咐 tso˩ fu˩

被说 pʼi˩ sɤʔ˩ 挨说（挨批评）

啰嗦 lo˩ ·so 叨唠

喊 xã˥

二十三　位置

上面 sɔ˥˧ ·miã

下面 xɔ˥˧ ·miã

地上 tʼi˥ ·lə

天上 tʼiã˩ ·lə

山上 sã˩ ·lə

路上 lu˥˧ ·lə

街上 ka˩ ·lə

墙上 ɕiə˥˧ ·lə

门上 mən˥˧ ·lə

台子上 tʼei˥˧ ·tsɿ ·lə 桌上

椅子上 i⌐ ·ts̩ ·lə	东南 toŋ∟ lɛ∧
边上 piã∟ ·lə	东北 toŋ∟ pɤʔ⌐
里边 li⌐∨ ·piã	西南 çi∟ lɛ∧
外边 ŋei⌐∨ ·piã	西北 çi∟ pɤʔ⌐
手里 çy⌐ ·lei	路边上 lu⌐ piã∟ ·lə
心里 çin∟ ·lei	当中 tə∟ ·tsoŋ
野外 iɔ⌐ ŋei⌐	床底下 sə∧ ti⌐∨ ·lə
大门外 t'a⌐∨ ·mən ŋei⌐	楼底下 ly∧ ti⌐∨ ·lə
门外 mən∧ ŋei⌐	脚底下 tçiɔʔ⌐ ti⌐∨ ·lə
墙外 çiə∧ ŋei⌐	碗屄 vã⌐∨ toʔ⌐ 碗底儿
窗子外头 ts'ə∨∟ ·ts̩ ŋei⌐ ·ly	锅底 ko∟ ti∨
车上 ts'ɔ∟ ·lə	锅屄 ko∟ toʔ⌐
车外 ts'ɔ∟ ŋei⌐	缸屄 kə∟ toʔ⌐ 缸底儿
车前 ts'ɔ∟ çiã∧	旁边 p'ə∧ piã∟
车后 ts'ɔ∟ çy∧	断近 t'ɛ⌐ tçin⌐ 附近
前头 çiã∧∟ ·ly	附近 fu⌐ tçin⌐
后头 çy⌐∟ ·ly	跟前 kən⌐ çiã∧
山前 sã∟ çiã∧	什么地方 sən∧ ·mɤʔ t'i⌐ fə∟
山后 sã∟ çy⌐	左边 tso⌐∨ piã∟
屋后 vɤʔ⌐ ·çy	反边 fã⌐∨ piã∟
背后 pei⌐ çy⌐	右边 y⌐∨ piã∟
以前 i⌐∟ çiã∧	望里走 mə⌐ li⌐ tsu∨
以后 i⌐∟ çy⌐	望外走 mə⌐ ŋei⌐ tsu∨
以上 i⌐∟ sə⌐	望东走 mə⌐ toŋ∟ tsu∨
以下 i⌐∟ xɔ⌐	望西走 mə⌐ çi∟ tsu∨
后来 çy⌐ lei∧	望回走 mə⌐ vei∧ tsu∨
从今以后 ts'oŋ∧⌐ tçin∟ i⌐∟ çy⌐	望前走 mə⌐ çiã∧ tsu∨
从此以后 ts'oŋ∧⌐ ts̩∨∧ i⌐∟ çy⌐	…以东 i⌐∨ toŋ∟
东 toŋ∟	…以西 i⌐∨ çi∟
西 çi∟	…以南 i⌐∟ lɛ∧
南 lɛ∧	…以北 i⌐∨ pɤʔ⌐
北 pɤʔ⌐	…以内 i⌐∨ lei⌐

…以外 i˥˩ ŋei˥
…以来 i˥˩ lei˧
…之后 tsɿ˥ çy˥
…之前 tsɿ˥ çiã˧
…之外 tsɿ˥ ŋei˥
…之内 tsɿ˥ lei˥
…之间 tsɿ˥ kã˥
…之上 tsɿ˥ sə˥
…之下 tsɿ˥ xɔ˥

二十四　代词等

俺 ŋã˥（多）
我 ŋo˥（少，文）/ ŋa˥（白）
你 n̠in˥
他 tʰa˥
　渠 xei˧ / kei˧（少）
我里 ŋo˥·li / ŋo˥·lei 我们
　俺里 ŋã˥·li / ŋã˥·lei
你里 n̠in˥·lei 你们
渠里 xei˧·lei 他们
俺的 ŋã˥·tʏʔ
你的 n̠in˥·tʏʔ
渠的 xei˧·tʏʔ
人家 n̠in˧·kɔ
大家里 tʰa˧·kɔ·lei 大家
哪一个 lɔ˩ i˥ ko˥ 谁
这个 ei˩ ko˥ / ei˩ ko˥
那个 kei˩ ko˥ / kei˥ ko˥
哪个 lɔ˩ ko˥
这些 ei˩·çi / ei˩·çi

那些 kei˩·çi
哪些 lɔ˩·çi
这里 n̠iã˥ / n̠iã˩
那里 kã˥（近）/ kã˧（远）
哪里 lɔ˩·lei
这么 kən˥·ɔ 这么（高，做）
那样子 kci˥ iə˧·tsɿ / kei˩ iə˥·tsɿ 那么（高，做）
怎个 sən˩·(k)ɔʔ / sən˩·(k)ɔʔ 怎么（做，办）
为什么 vi˥ sən˧·mʏʔ
什么 sən˧·mʏʔ
多少 to˥·çiɵ ①多少（钱）②多（久、高、大、厚、重）
我里两个人 ŋo˥·lei liə˩·ko n̠in˧ 我们俩
你里两个人 n̠in˥·lei liə˩·ko n̠in˧ 你们俩
渠里两个人 xei˥·lei liə˥·ko n̠in˧ 他们俩
夫妻俩 fu˥·tɕʰi liə˥
娘母两个 n̠iə˧·m̩ liə˥·ko 娘儿俩（母亲和子女）
娘儿两个 n̠iə˧ ɜ˥ liə˥·ko
父子两个 fu˥·tsɿ liə˥·ko 爷儿俩（父亲和子女）
父女两个 fu˥ n̠ỵ˥ liə˥·ko
爹孙俩 ti˥·sən liə˥ 爷孙俩
叔伯伙的 tsʰoʔ pʏʔ xoʏ˩·tʏʔ 妯娌俩
姑嫂两个 ku˥·sə liə˥·ko
婆媳两个 pʰo˩·çiʔ liə˥·ko

兄弟两个 çioŋ˩ ·t'i liə˥ ·ko
　哥俩 ko˩ liə˥

姊妹两个 tçi˥˧ ·mei liə˥ ·ko
　姊俩 tçi˥˧ liə˥

兄妹俩 çioŋ˩ mei˥ liə˥

姊弟两个 tçi˥˧ t'i˥ liə˥ ·ko

姑侄两个 ku˩ ts'ɤ˥ liə˥ ·ko

叔侄两个 so˥ ts'ɤ˥ liə˥ ·ko

师徒两个 sʐ˩ t'u˥ liə˥ ·ko

哪些人 lɔ˥ çi nin˥

人们 nin˥˧ ·mən

叔伯们 ts'o˥ pɤ˥ ·mən 妯娌们

姑嫂们 ku˩ sə ·mən

师徒们 sʐ˩ t'u˥ ·mən

先生学生们 çiã˩ ·sən xɔ˥ ·sən ·mən

二十五　形容词

好 xɵ˥

不错 pɤ˥ ts'o˩
　不差 pɤ˥ ts'ɔ˥

差不多 ts'ɔ˥ pɤ˥ to˩

不怎么样 pɤ˥ tsən˥˧ ·mɤ iə˩ liə˥

不管事 pɤ˥ kuɛ˥˧ sʐ˩ 不顶事

坏 va˥ 不好

差 ts'ɔ˥ 次（人头儿很~｜东西很~）

马马虎虎儿的 mɔ˥ ·mɔ fu˥ ·fu n̩˥ tɤ˥ 凑合
　讲得起 kə˥˧ ·tɤ˥ ·tç'i

漂亮 p'iə˩ liə˥
　好看 xɵ˥˧ k'ɜ˥

丑 tç'y˥
　难看 lã˥ k'ɜ˥

要紧 iə˩ tçin˥

热闹 nia˥ lə˩

坚固 tçiã˩ ku˩

牢 lə˥

硬 ŋən˩

软 nia˥

干净 kɜ˩ ·in

邋遢 laˀ t'aˀ 脏（不干净）

咸 xã˥

淡 t'ã˩

香 çiə˩

臭 tç'y˩

酸 sɛ˩

甜 t'iã˥

苦 k'u˥

辣 laˀ

稀 çi˥ ①不稠②不密

老 lə˩

厚 çy˩ 稠（粥太~了）

干 kɜ˩

密 miˀ

肥 fi˥ 指动物：鸡很~

壮 tsə˩

胖 p'ə˥ 指人

瘦 çy˩ 不肥，不胖

精 tçin˩ 瘦（指肉）

快活 k'ua˥ ·u 舒服

难受 lã˥ çy˩

难过 lã˧˩ ko˥	长 tɕʻiə˧
怕丑 pʻɔ˥ tɕʻy˩ 臑脄	短 tɤ˩
乖 kua˩	宽 kʻuɛ˩
皮 pʻi˧ 不乖	狭 xaʔ˥ 窄
真中 tsən˩˩ tsoŋ˩ 真行	厚 ɕy˥
不中 pɤʔ˥ tsoŋ˩ 不行	薄 pʻɔ˥
缺德 kʻiaʔ˥ tɤʔ˥	深 sən˩
机灵 tɕi˩ ·lin	浅 tɕʻiã˩
灵巧 lin˧ ·tɕʻiθ	高 kθ˩
糊涂 u˧˩ ·tʻu	低 ti˩
死心眼 sɿ˩˥ ·ɕin ŋã˥	矮 a˩
脓包 loŋ˧˩ ·pθ 无用的人	正 tsən˥
痰包 tʻã˧˩ ·pθ	歪 va˩
孬种 lθ˩ ·tsoŋ	斜 ɕiɔ˧
小气鬼 ɕiθ˩˥ ·tɕʻi ki˩ 吝啬鬼	笪 tsʻa˥
小气 ɕiθ˩˥ ·tɕʻi	红 xoŋ˧
大方 tʻa˥˥ ·fθ	朱红 tsu˩ xoŋ˧
整 tsən˩ 鸡蛋吃~的	粉红 fən˩˥ xoŋ˧
全 ɕiã˧ 浑:~身是汗	深红 sən˩ xoŋ˧
满 mɛ˥	淡红 tʻã˥ xoŋ˧ 浅红
凸 tʻɤʔ˥	浅红 tɕʻiã˩˥ xoŋ˧
凹 ˥	蓝 lã˧
凉快 liθ˩˥ kʻua˥	淡蓝 tʻã˥ lã˧ 浅蓝
地道 tʻi˥ tʻθ˥	浅蓝 tɕʻiã˩˥ lã˧
道地 tʻθ˥ tʻi˥	深蓝 sən˩ lã˧
整齐 tsən˩˥ tɕʻi˧	天蓝 tʻiã˩ lã˧
称心 tsʻən˥ ɕin˩	绿 loʔ˥
晏 ɛ˥ 晚	葱绿 tsʻoŋ˩ loʔ˥
多 to˩	草绿 tsʻθ˩˥ loʔ˥
少 ɕiθ˩	水绿 ɕy˩˥ loʔ˥
大 tʻo˥	浅绿 tɕʻiã˩˥ loʔ˥
小 ɕiθ˩	白 pʻɤʔ˥

灰白 fei˩ pʰɤʔ˥

苍白 tsʰə˩ pʰɤʔ˥

漂白 pʰiɵʋ˩ pʰɤʔ˥

灰 fei˩

深灰 sən˩ fei˩

浅灰 tɕʰiã˥ fei˩

银灰 in˥ fei˩

黄 vɤ˥

杏黄 ɕin˩ vɤ˥

深黄 sən˩ vɤ˥

浅黄 tɕʰiã˥ vɤ˥

青 tɕʰin˩

鸭蛋青 aʔ˥ tʰã˥ tɕʰin˩

紫 tsɿ˥

黑 xɤʔ˥

二十六　副词　介词

刚刚 tɕiə˩ ·tɕiə 刚：我~来，没赶上

刚好 tɕiə˩ xɵ˥ ~十块钱

刚刚（好）tɕiə˩ ·tɕiə (xɵ) 刚：不大不小，~合适

刚好 tɕiə˩ xɵ˥ 刚巧：~我在那儿

净 ɕin˩ ~吃米，不吃面

有点 y˩ ·tiã 天~冷

怕是 pʰɔ˥ sɿ˥ 也许：~要落雨了

也许 ia˥ ·ɕy 明朝~要落雨了

可能 kʰoʋ˥ lən˥

差点 tsʰɔ˥ ·tiã ~跌倒了

非……不 fi˩……pɤʔ˥ 非到九点

不开会

马上 mɔ˥ ·lə ~就来

趁早 tsʰən˩ tsɵ˥ ~走吧

早晏 tsɵ˥ ɛ˥ 早晚，随时：~来都中／行

眼看 ŋã˥ kʰɛ˥ ~要到期了

得亏的 tiʔ˥ kʰi˩ tɤʔ˥ 幸亏：~你来了，要不然我们就走错了

当面 tə˩ miã˩ 有话~讲

背后 pʰei˥ ɕy˥ 背地：不要~说

一块 iʔ˥ kʰua˥ 我们~去

一个人 iʔ˥ ·ko ·ɲin 自己：他~去

顺便 sən˩ pʰiã˥ 请他~给我买本书

巴巴儿的 pʰɔ˥ pʰɔ˥ ·tɤʔ 故意：~捣乱

到底 tɵ˩ ti˥ 他~走了没有，你要问清楚

根本 kən˩ pən˥ 他~不知道

实在 sɤʔ˥ sei˩ 这个人~好

快 kʰua˥ 接近：这个人~四十了

总共 tsoŋ˥ kʰoŋ˩ 一共：~才十个人

不要 pɤʔ˥ iɵ˥ 慢点走，~跑

白 pʰɤʔ˥ ①不要钱：~吃②空：~跑一趟

偏要 pʰiã˩ iɵ˥ 你不喊我去，我~去

瞎 xaʔ˥ 胡：~搞，~说

先 ɕiã˩ 你~走，我跟后随后就来；他~不悉得(知道)，后来才听人家

讲说的

另外 lin˧ ŋei˧ ~还有一个人

让 n̟ia˧ 被：~狗的狗咬了一口

把 pɔ˨ ~门关起来

对 tei˧ 你~他好，他就~你好

对着 tei˧ ·ɔ 他~我直笑

到 tə˧ ~哪儿去；~哪天为止；撂 ~水里

前 ɕiã˩ 在……之前：吃饭~，先 洗手

在 sei˧ ~哪儿住家

从 ts'oŋ˩ ~哪儿走

自从 sɿ˧ ts'oŋ˩ ~他走后，我一 直不放心

照 tɕiə˧ ~这样子做就好；~我看 不算错

用 ioŋ˧ 你~毛笔写

望着 mə˨ ·ɔ 顺着：~这条路一 直走

顺着 sən˧ ·ɔ 沿着：~河边走 看着 k'ɛ˧ ·ɔ

望 mə˩ 朝：~后头看看／~后头 望望

把 pɔ˨ 替：你~我写封信

把 pɔ˨ 给：~大家办事

把 pɔ˨ 他把门~关起了

把俺 pɔ˨ ŋã˧ 给我，虚用，加重 语气：你~吃干净这碗饭！

和 xo˨ 这个~那个一样

跟 kən˧ ①向：~他打听一下②和 向 ɕiə˧

问 vən˨ ~他借本书

向 ɕiə˧

把……叫 pɔ˨ ……tɕiə˧ 有些地 方把白薯叫山药

拿……当 la˩ ……tə˧ 有些地方 拿麦秸当柴烧

从小 ts'oŋ˩ ɕiə˨ 他~就能吃苦

望外 mə˩ ŋei˧ 老王钱多，不愿 意~拿

赶 kɛ˨ 你必须天黑以前~到

二十七　量词

（一）把（椅子）pɔ˨

（一）枚（奖章）mei˩

（一）本（书）pən˨

（一）笔（款）pi?˧

（一）匹（马）p'i˧

（一）头（牛）t'y˩

（一）封（信）foŋ˩

（一）帖（药）t'ia?˧

（一）味（药）vi˩

（一）条（河）t'iə˩

（一）道（户栏门槛，坎子）t'ə˩

（一）顶（帽子）tin˨

（一）块（墨）k'ua˩

（一）锭（银子）t'in˩

（一）件（事）tɕ'iã˩

（一）朵（花）to˨

（一）餐（饭）ts'ã˩

（一）顿（打）tən˩

（一）条（手巾）t'iə˩

（一）辆（车）liəꜛ

（一）子（香）tsʅꜜ

（一）枝（花儿）tsʅꜗ

（一）只（手）tsɤʔ꜓

（一）盏（灯）tsãꜜ

（一）张（桌子）tçiəꜗ

（一）桌（酒席）tsɔʔ꜓

（一）场（雨）tçi˙əꜜ

（一）出（戏）ts˙ɤʔ꜓

（一）床（被子）səꜗ

（一）身（棉衣）sənꜗ

（一）杆（枪）kɛꜜ

（一）枝（笔）tsʅꜗ

（一）根（头发）kənꜗ

（一）棵（树）k˙oꜗ

（一）颗（米）k˙oꜗ

（一）粒（米）lɤʔ꜓

（一）块（砖）k˙uaꜛ

（一）头（猪）t˙yꜗ

（一）口（人）k˙yꜜ

两口子 liəꜛ k˙yꜜ˙tsʅ 夫妻俩

（一）家（店）kɔꜗ

（一）架（飞机）kɔꜛ

（一）间（屋子）kãꜗ

（一）所（房子）soꜜ

（一）件（衣裳）tç˙iãꜛ

（一）行（字）xəꜗ

（一）篇（文章）p˙iãꜗ

（一）页（书）iaʔ꜓

（一）节（文章）tçiaʔ꜓

（一）段（文章）t˙ɛꜗ

（一）片（好心）p˙iãꜛ

（一）片（肉）p˙iãꜛ

（一）面（旗）miãꜛ

（一）层（纸）ts˙ənꜗ

（一）股（香味儿）kuꜜ

（一）座（桥）soꜛ

（一）盘（棋）p˙ɛꜗ

（一）门（亲事）mənꜗ

（一）刀（纸）təꜜ

（一）驮（书，衣裳）t˙oꜛ 擦

（一）桩（事情）tsəꜜ

（一）缸（水）kəꜜ

（一）碗（饭）vɤꜜ

（一）杯（茶）peiꜛ

（一）把（米）pɔꜜ

（一）把（萝卜）pɔꜜ

（一）包（花生）pəꜜ

（一）卷（纸）kiãꜜ

（一）捆（行李）k˙uənꜜ

（一）担（米）tãꜛ

（一）担（水）tãꜛ

（一）排（桌子）p˙aꜗ

（一）进（院子）tçinꜛ

（一）挂（鞭炮）kuaꜛ

（一）句（话）kiꜛ

（一）位（客人）viꜛ

（一）双（鞋）səꜗ

（一）对（花瓶）teiꜛ

（一）副（眼镜）fuꜛ

（一）套（书）t˙əꜛ

（一）种（虫子）tsoŋꜛ

（一）伙（人）xoꜜ

（一）帮（人）pəꜗ

（一）批（货）p'i↓

（一）批（人）p'i↓

（一）个 ko˥

（一）起（事故）tɕi↘

（一）窝（蜂）o↓

（一）串（葡萄）tsɿ˥

（一）拃 tsɔ↘ ①大拇指与中指张
　　开的长度②大拇指与食指张开的
　　长度

（一）庹 t'ɔʔ˥ 两臂平伸两手伸直
　　的长度

（一）指（长）tsɿ↘

（一）成 ts'ən˦

（一）面（土）miã˥ 脸

（一）身（土）sən↓

（一）肚子（气）tu˥ ·tsɿ

（吃）（一）餐 ts'ã↓

（走）（一）趟 t'ə˥

（打）（一）下 xɔ˥

（看）（一）眼 ŋã˥

（吃）（一）口 k'y↘

（谈）（一）下儿 xɔ˥

（下）（一）阵（雨）tsən˥

（闹）（一）场 tɕi↘

（见）（一）面 miã˥

（一）尊（佛像）tsən↓

（一）扇（门）sɛ˥

（一）幅（画）fu˥

（一）堵（墙）tu↘

（一）瓣（花）p'ã˥

（一）处（地方）ts'u˥

（一）部（书）p'u˥

（一）班（车）pã↓

（洗）（一）水（衣裳）ɕi↘

（烧）（一）炉（陶器）lu˦

（一）团（泥）t'ɜ˦

（一）堆（雪）tei↓

（一）口（牙）k'y↘

（一）列（火车）liaʔ˦

（一）系列（问题）ɕi˥ liaʔ˦

（一）路（公共汽车）lu˥

（一）师（兵）sɿ↓

（一）旅（兵）ly↘

（一）团（兵）t'ɜ˦

（一）营（兵）in˦

（一）连（兵）liã˦

（一）排（兵）p'a˦

（一）班（兵）pã↓

（一）组 tsu↘

（一）撮（毛）ts'ɤʔ˦

（一）团（线）t'ɜ˦

（一）子（头发）tsɿ↘

（写）（一）手（好字）ɕy↘

（写）（一）笔（好字）piʔ˦

（当）（一）票（当）p'iɵ˦

（开）（一）届（会议）ka˦

（做）（一）任（官）ȵin˦

（下）（一）盘（棋）p'ɜ˦

（请）（一）桌（客）tsɔʔ˦

（打）（一）圈（麻将）k'iã↓

（唱）（一）台（戏）t'ei˦

（一）丝（肉）sɿ↓

（一）点（面粉）tiã↘

（一）滴（雨）tiʔ˦

（一）盒（火柴）xɤʔ˥

（一）盒子（手饰）xɤʔ˥ ·tsʅ

（一）箱子（衣裳）çiə˥ ·tsʅ

（一）架子（小说）ko˥ ·tsʅ

（一）橱（书）ts'u˩

（一）抽屉（文件）tç'y˩ t'i˥

（一）筐子（菠菜）k'ue˩ ·tsʅ

（一）篮子（梨）lã˥ tsʅ

（一）篓子（炭）ly˥ ·tsʅ

（一）炉子（灰）lu˥ ·tsʅ

（一）包（书）pθ˩

（一）口袋（干粮）k'y˥ t'ei˩

（一）池子（水）ts'ʅ˥ ·tsʅ

（一）缸（金鱼）kə˩

（一）瓶子（醋）p'in˥ ·tsʅ

（一）罐子（荔枝）kuɜ˥ ·tsʅ

（一）坛子（酒）t'ɛ˥ ·tsʅ

（一）桶（汽油）t'oŋ˥

（一）吊子（开水）tiə˥ ·tsʅ

（一）盆（洗澡水）p'ne˥

（一）壶（茶）u˩

（一）锅（饭）ko˩

（一）笼（包子）loŋ˩

（一）盘（水果）p'ɛ˥

（一）碟子（小菜）t'ia˥ ·tsʅ

（一）碗（饭）vɛ˥

（一）杯（茶）pei˩

（一）盅（烧酒）tsoŋ˩

（一）瓢（汤）p'iə˥

（一）调子（汤，酱油）t'iə˥ ·tsʅ 小勺子

（一）汤匙 t'ə˥ ts'ʅ˥

个把两个儿 ko˥ ·pɔ liə˥ ko˥ n̩˥

百把来个儿 pɤʔ˥ pɔ˥ ·lei ko˥ n̩˥

千把人 tç'iã˥ ·pɔ n̩in˩

万把块钱 vã˥ ·pɔ k'ua˥ çiã˥

里把路 li˥ ·pɔ lu˥

里把两里路 li˥ ·pɔ liə˥ li˥ lu˥

亩把两亩 m̩˥ ·pɔ liə˥ m̩˥

二十八　附加成分等

后加成分

-极了 tçiʔ˥ ·ɔ 好~

-透了 t'y˥ ·ɔ 坏~

-得很 tɤʔ˥ xən˥ 好~，坏~

-要命 iə˥ min˥ 好得~

-要死 iə˥ sʅ˥ 坏得~

-死了 sʅ˥ ·ɔ 坏~

-不得了 pɤʔ˥ tɤʔ˥ liə˥ 好得~，坏得~

-得慌 tɤʔ˥ fə˥ 闲~

-拉八哜的 ·lɤʔ paʔ˥ tçi˥ ·tɤʔ 臭~

-不楞登的 pɤʔ˥ lən˥ tən˥ ·tɤʔ 傻~

-（不）哜哜的（pɤʔ˥）tçi˥ tçi˥ ·tɤʔ 黏~

最……不过 tsei˥ …… pɤʔ˥ ko˥

吃头 tç'iʔ˥ ·ly 这个菜没~

喝头 xɔʔ⅃ ·ly 那个酒没~

看头 k'ɛ⅃⌐ ·ly 这出戏有个~

玩头 vã⅃Γ ·ly

想头 ɕiə⅃Γ ·ly

干头 kɛ⅃Γ ·ly

奔头 pən⌐ ·ly

苦头 k'u⅃Γ ·ly

甜头 t'iã⅃Γ ·ly

前加成分

屁- p'i⌐ ~轻

碌- loʔΓ ~圆，~团

雪- ɕiaʔΓ ~亮

簇崭- ts'ɤʔΓ tsãⅥ ~新

精- tɕin⌐ ~光

铁- t'iaʔΓ ~硬

漆- tɕ'iʔΓ ~黑

怪- kua⌐ ~好

老- lɵ⌐ ~高的

虚字

了 ·ɔ 听~，吃~，看~，

着 ·ɔ 坐~，停~

得 ·tɤʔ 走~快，跑~快

的 ·tɤʔ 张三~，我~

二十九　数字等

一号（指日期，下同）iʔΓ ·ɵ

二号 ɛ⌐Ⅴ ·ɵ

三号 sã⌐ ·ɵ

四号 sๅΓ⌐ ·ɵ

五号 oŋ⌐Γ ·ɵ

六号 loʔΓ ·ɵ

七号 tɕ'iʔΓ ·ɵ

八号 paʔΓ ·ɵ

九号 tɕyⅥΓ ·ɵ

十号 sɤʔΓ ·ɵ

初一 ts'u⌐ iʔΓ

初二 ts'u⌐ ɛ⌐

初三 ts'u⌐ sã⌐

初四 ts'u⌐ sๅΓ

初五 ts'u⌐ oŋ⌐

初六 ts'u⌐ loʔΓ

初七 ts'u⌐ tɕ'iʔΓ

初八 ts'u⌐ paʔΓ

初九 ts'u⌐ tɕyⅤ

初十 ts'u⌐ sɤʔΓ

老大 lɵ⌐Γ t'a⌐

老二 lɵ⌐Γ ɛ⌐

老三 lɵ⌐Γ sã⌐

老四 lɵ⌐Γ sๅΓ

老五 lɵ⌐Γ oŋ⌐

老六 lɵ⌐Γ loʔΓ

老七 lɵ⌐Γ tɕ'iʔΓ

老八 lɵ⌐Γ paʔΓ

老九 lɵ⌐Γ tɕyⅤ

老十 lɵ⌐Γ sɤʔΓ

老小 lɵ⌐Γ ɕiɵⅥ

大哥 t'a⌐Γ ko⌐

二哥 ɛ⌐ ko⌐

老末 lɵ⌐Γ mɤʔⅥ

老小 lɵ⌐Γ ɕiɵⅥ

一个 i?˧ ko˥

两个 liə˥˩ ko˥

三个 sã˩ ko˥

四个 sๅ˥˧ ko˥

五个 oŋ˥˩ ko˥

六个 lo?˥ ko˥

七个 tɕ'i?˧ ko˥

八个 pa?˧ ko˥

九个 tɕy˥˩ ko˥

十个 sɤ?˥ ko˥

第一 t'i˥ i?˧

第二 t'i˥ ɛ˥

第三 t'i˥ sã˩

第四 t'i˥ sๅ˥

第五 t'i˥ oŋ˥

第六 t'i˥ lo?˥

第七 t'i˥ tɕ'i?˧

第八 t'i˥ pa?˧

第九 t'i˥ tɕy˥

第十 t'i˥ sɤ?˥

第一个 t'i˥ i?˧ ko˥

第二个 t'i˥ ɛ˥ ko˥

第三个 t'i˥ sã˩ ko˥

第四个 t'i˥ sๅ˥ ko˥

第五个 t'i˥ oŋ˥ ko˥

第六个 t'i˥ lo?˥ ko˥

第七个 t'i˥ tɕ'i?˧ ko˥

第八个 t'i˥ pa?˧ ko˥

第九个 t'i˥ tɕy˥ ko˥

第十个 t'i˥ sɤ?˥ ko˥

一 i?˧

二 ɛ˥

三 sã˩

四 sๅ˥

五 oŋ˥

六 lo?˥

七 tɕ'i?˧

八 pa?˧

九 tɕy˥˩

十 sɤ?˥

十一 sɤ?˥ i?˧

二十 ɛ˥˩ ·zɤ?

二十一 ɛ˥˩ ·zɤ? i?˧

三十 sã˩ ·zɤ?

三十一 sã˩ ·zɤ? i?˧

四十 sๅ˥˧ ·zɤ?

四十一 sๅ˥˧ ·zɤ? i?˧

五十 oŋ˥˩ ·zɤ?

五十一 oŋ˥˩ ·zɤ? i?˧

六十 lo?˥ ·zɤ?

六十一 lo?˥ ·zɤ? i?˧

七十 tɕ'i?˧ ·zɤ?

七十一 tɕ'i?˧ ·zɤ? i?˧

八十 pa?˧ ·zɤ?

八十一 pa?˧ ·zɤ? i?˧

九十 tɕy˥˧ ·zɤ?

九十一 tɕy˥˧ ·zɤ? i?˧

一百 i?˧ pɤ?˧

一千 i?˧ tɕ'iã˩

一百一十 i?˧ pɤ?˧ i?˧ ·zɤ?

一百一十个 i?˧ pɤ?˧ i?˧ ·zɤ? ko˥

一百一十一 i?˧ pɤ?˧ i?˧ ·zɤ? i?˧

一百一十二 i?˧ pɤ?˧ i?˧ ·zɤ? ɛ˥

一百二（十）i?˧ pɤ?˧ ɛ˥ （·zɤ?）

一百三（十）i?˧ pɤ?˧ sã˩ （·zɤ?）

一百五（十）i?˧ pɤ?˧ oŋ˩ （·zɤ?）

一百五十个 i?˧ pɤ?˧ oŋ˩ ·zɤ? ko˥

二百五（十）ɛ˥ pɤ?˧ oŋ˩ （·zɤ?）

二百五 ɛ˥ pɤ?˧ u˥ 傻子

二百五十个 ɛ˥ pɤ?˧ oŋ˩ ·zɤ? ko˥

三百一（十）sã˩ pɤ?˧ i?˧ （·zɤ?）

三百三（十）sã˩ pɤ?˧ sã˩ （·zɤ?）

三百六（十）sã˩ pɤ?˧ lo?˥ （·zɤ?）

三百八（十）sã˩ pɤ?˧ pa?˧ （·zɤ?）

一千一（百）i?˧ tɕʻiã˩ i?˧ （pɤ?˧）

一千一百个 i?˧ tɕʻiã˩ i?˧ pɤ?˧ ko˥

一千九（百）i?˧ tɕʻiã˩ tɕy˩ （pɤ?˧）

一千九百个 i?˧ tɕʻiã˩ tɕy˩ pɤ?˧ ko˥

三千 sã˩ tɕʻiã˩

五千 oŋ˩ tɕʻiã˩

八千 pa?˧ tɕʻiã˩

一万 i?˧ vã˥

一万两千 i?˧ vã˥ liə˩ tɕʻiã˩

一万二 i?˧ vã˥ ɛ˥

一万两千个 i?˧ vã˥ liə˩ tɕʻiã˩ ko˥

三万五（千）sã˥ vã˥ oŋ˩ （tɕʻiã˩）

三万五千个 sã˥ vã˥ oŋ˩ tɕʻiã˩ ko˥

零 lin˦

二斤 ɛ˩ tɕin˩

二两 ɛ˩ ·liə

二钱 ɛ˩ ·iã

二分 ɛ˩ ·fən

二厘 ɛ˥ li˦

两丈 liə˥ tɕʻiə˥

二丈 ɛ˩ ·iə

二尺 ɛ˥ tsʻɤ?˧

二寸 ɛ˥ ·tsʻən

二分 ɛ˥ fən˥

二里 ɛ˥ li˥

两里 liə˥ li˥

两担 liə˩ ·tã

两斗 liə˥ ty˩

两升 liə˥ sən˥

两项 liə˥ xə˥

二亩 ɛ˥ m̩˥

几个 tɕi˩ ko˥

好多个 xɵ˩ to˥ ko˥

好几个 xɵ˩ tɕi˩ ko˥

好些的 xɵ⩗⩗ çi˥ ·tɤʔ
好一些 xɵ⩗⩗ iʔ˥ ·çi
好一点 xɵ⩗⩗ iʔ˥ ·tiã
大一些 t'o⩗⩗ iʔ˥ ·çi
大一点 t'o⩗⩗ iʔ˥ ·tiã
一点 iʔ˥ tiã⩗
一点点 iʔ˥ tiã⩗⩗ ·tiã
大点 t'o⩗⩗ ·tiã
十多个 sɤʔ˥ to˥ ko˥ 比十个多
一百多个 iʔ˥ pɤʔ˥ to˥ ko˥
十来个儿 sɤʔ˥ ·la ko˥˥ ·n̩ 不到十个
千把个儿 tɕ'iã˩ ·pɔ ko˥˥ ·n̩
百把个儿 pɤʔ˥ ·pɔ ko˥˥ ·n̩
半个 pɛ˥˥ ·ko
一半 iʔ˥ ·pɛ
两半 liə˥ ·pɛ
多半 to˩ ·pɛ
一大半 iʔ˥ t'o˥ ·pɛ
一个半 iʔ˥ ko˥ pɛ˥
……上下 sə˩ ɛ xɔ
……左右 tso⩗⩗ ɤy

成语

一来二去 iʔ˥ lei∧∧ ɛ˩ k'i˥
一清二白 iʔ˥ tɕ'in˩ ɛ˩ p'ɤʔ˥
一清二楚 iʔ˥ tɕ'in˩ ɛ˩ ts'u⩗
一干二净 iʔ˥ kɛ˩ ɛ˩ çin˩
一刀两断 iʔ˥ tɵ˩ liə˥ tɤ˥
一举两得 iʔ˥ tɕy⩗⩗ liə˥ tɤʔ˥
三番五次 sã˩ fã˩ oŋ˥ ts'ɿ˥
三番两次 sã˩ fã˩ liə˥˥ ·ts'ɿ

三年两年 sã˩ ·n̠iã liə˥˥ ·n̠iã
三年五载 sã˩ ·n̠iã oŋ˥ ·tsei
三天两头 sã˩ t'iã˩ liə˥ t'y∧
三天两夜 sã˩ t'iã˩ liə˥ iɔ˥
三长两短 sã˩ ·tɕ'iə liə˥ ·tɛ
三言两语 sã˩ ·iã liə˥ n̩˥
三心二意 sã˩ çin˩ ɛ˩ i˥
三三两两 sã˩ ·sã liə˥ ·liə
四平八稳 sɿ˥ p'in∧ paʔ˥ vən∧
四通八达 sɿ˥ t'oŋ˩ paʔ˥ t'aʔ˥
四面八方 sɿ˥ ·miã paʔ˥ fə˩
五零四散 oŋ˥ lin∧ sɿ˥ sã˥
五湖四海 oŋ˥ ·u sɿ˥ xei⩗
五花八门 oŋ˥ fɔ˩ paʔ˥ mən∧
七上八下 tɕ'iʔ˥ sə˩ ɛ paʔ˥ xɔ˥
七颠八倒 tɕ'iʔ˥ tiã˩ paʔ˥ tɵ⩗
乱七八糟 lɛ˩ tɕ'iʔ˥ paʔ˥ tsɵ˩
乌七八糟 u˩ tɕ'iʔ˥ paʔ˥ tsɵ˩
七长八短 tɕ'iʔ˥ tɕ'iə∧ paʔ˥ tɤ⩗
七拼八凑 tɕ'iʔ˥ p'in˩ paʔ˥ tɕ'y˥
七手八脚 tɕ'iʔ˥ çy⩗⩗ paʔ˥ tɕiɔ˥
七嘴八舌 tɕ'iʔ˥ tɕi⩗⩗ paʔ˥ sɤʔ˥
千辛万苦 tɕ'iã˩ çin˩ vã˥ k'u⩗
千真万确 tɕ'iã˩ tsən˩ vã˥ tɕ'iɔ˥
千军万马 tɕ'iã˩ kin˩ vã˥ cm˩
千变万化 tɕ'iã˩ piã˥ vã˥ fɔ˥
千家万户 tɕ'iã˩ kɔ˥ vã˥ u˩
千门万户 tɕ'iã˩ mən∧ vã˥ u˩
千言万语 tɕ'iã˩ n̠iã∧ vã˥ n̩˥

干支

甲 kaʔ˥

乙　iʔ˦

丙　pin˨

丁　tin˩

戊　u˥

己　tɕi˨

庚　kən˩

辛　ɕin˩

壬　in˧

癸　kʻi˧

子　tsɿ˨

丑　tɕʻy˨

寅　in˧

卯　mɵ˧

辰　sən˧

巳　sɿ˥

午　u˥

未　vi˥

申　sən˩

酉　y˧

戌　ɕiʔ˦

亥　xei˥

第六章　安徽泾县查济方言语法例句

1. lɔ˥˩ ˙ko ˙aʔ ŋã˥ sʅ˥ lə˥ sã˩.
   哪　个　谁　啊？　俺　是　老　三。

2. lə˥ sʅ˥˩ ˙n̻in? xei˧ tsən˥ ˙sei kən˩ iʔ˥ ko˥ pʼən˥˩ y˥˩
   老　四　呢？　渠他　正　在　跟　一　个　朋　友
   sɤʔ˥ vɔ˥ ˙lɛ.
   说　话　唻。

3. xei˩ xaʔ˥ mɔ˥ sɤʔ˥ vɛ˥˩ ˙a?
   渠他　还　没　说　完　啊？

4. xaʔ˥ mɔ˥ tɤʔ˩. tʼaˀ˥ ˙iɔ xaʔ˥ y˥ iʔ˥ xɔ˥ koŋ˩ ˙fu çy˥˩
   还　没　得。大　约　还　有　一　下　工　夫　就
   sɤʔ˥ vɛ˥˩ ˙lɤʔ.
   说　完　了。

5. xei˩ sɤʔ˥ mɔ˥ ˙lə çy˥ tsu˥˩, sən˥˩ ˙kɔʔ ei˥˩ ko˥ pɛ˩
   渠他　说　马　上　就　走，　怎　个　这　个　半
   tʼiã˩ xaʔ˥ sei˥ kɔ˩ ˙lei?
   天　还　在　家　里？

6. n̻in˥ tə˥˩ lɔ˥˩ ˙lei kʼi˥? ŋã˥ tə˥˩ tsʼən˥˩ ˙lei kʼi˥.
   你　到　哪　里　去？　俺　到　城　里　去。

7. sei˥ kã˩, pɤʔ˥ sei˥˩ n̻iã˥.
   在　那儿，　不　在　这儿。

8. pɤʔ˥ ˙lɤʔ kei˥˩ ˙iə ˙tsʅ tso˥˩ ˙tɤʔ, sʅ˥ iə˥˩ ei˥˩ iə˥˩
   不　勒　那　样　子　做　的，　是　要　这　样
   ˙tsʅ tso˥˩ ˙tɤʔ.
   子　做　的。

9. t'aꜛ toꜜ ·ɔ, ioŋꜛ pɤʔꜚ lieꜛ kənꜜ ·ɔ toꜜ, tsɤʔꜚ ieꜛ keiꜛ
   太　多　了，用　不　了　这　么　多，只　要　那
   tiãꜘ çyꜛ kyꜛ꜔ ·lɤʔ.
   点　就　够　了。

10. eiꜘ ·ko t'oꜛ, keiꜘ ·ko çioꜘ, eiꜘ lieⱶꜘ ·ko lɔꜛ iʔꜚ
    这　个　大，那　个　小，这　两　个　哪　一
    ·ko xөꜘ꜔ ·tiã ·n̮in?
    个　好　点　呢?

11. eiꜘ ·ko piꜘ keiꜘ ·ko xөꜘ.
    这　个　比　那　个　好。

12. eiꜘ ·çi fəⱶ꜔ ·tsŋ pɤʔꜚ yꜚ keiꜘ ·çi fəⱶ꜔ ·tsŋ xөꜘ.
    这　些　房　子　不　如　那　些　房　子　好。

13. eiꜘ ·ki vɔꜛ ioŋꜛ tçinꜜ ·iã vɔꜛ sənⱶꜘ kɔʔꜚ kəꜘ?
    这　句　话　用　泾　县　话　怎　个怎么讲?
    eiꜘ ·ki vɔꜛ ioŋꜛ tçinꜜ ·iã vɔꜛ sənⱶꜘ kɔʔꜚ sɤʔꜚ?
    这　句　话　用　泾　县　话　怎　个怎么说?

14. xeiꜙ kənꜜ n̮iãꜙ toꜜ t'aꜛ n̮iãⱶꜘ ·tçi?
    渠他　今　年　多　大　年　纪?

15. t'aꜛ ·kei yꜛ sãꜜ ·zɤʔ laⱶ꜔ çiꜛ ·pa.
    大　概　有　三　十　来　岁　吧。

16. eiꜘ ·ko toŋꜜ ·çi yꜘ toꜜ (·çiө) ts'oŋꜛ ·n̮in?
    这　个　东　西　有　多　(少)　重　呢?

17. yꜛ oŋꜘ ·zɤʔ tçinꜛ ts'oŋ ·n̮in.
    有　五　十　斤　重　呢。

18. laⱶ꜔ ·tɤʔ t'oŋꜛ ·ma?
    拿　得　动　吗?

19. ŋãꜛ laⱶ꜔ ·tɤʔ t'oŋꜛ, xeiꜙ laⱶ꜔ ·pɤʔ t'oŋꜛ.
    俺　拿　得　动，渠他　拿　不　动。

20. tsənꜜ ·pɤʔ tç'inꜜ, ts'oŋꜘ ·tɤʔ liãⱶ꜔ ŋãꜛ toꜜ laⱶ꜔ ·pɤʔ
    真　不　轻，重　得　连　俺　都　拿　不
    t'oŋꜛ ·lɤʔ.
    动　了。

21. ȵin˧ sʁʔ˧ ·tʁʔ xən˧˩ xɵ˩, ȵin˧ xa˩˧ vei˧ sʁʔ˧ ·tiã
　　你　 说　 得　 很　 好，你　 还　 会　 说　 点

　　sən˧ ·mʁ˧ ·ȵin?
　　什　 么　 呢？

22. ŋã˧ tɕi˧˩ ·pɔ p'ən˧, ŋã˧ sʁʔ˧ ·pʁʔ ko˧˥ ·ei.
　　俺　 嘴　 巴　 笨，俺　 说　 不　 过　 渠他。

　　ŋã˧ tɕi˧˩ ·pɔ p'ən˧, ŋã˧ sʁʔ˧ ·ei ·pʁʔ ·ko.
　　俺　 嘴　 巴　 笨，俺　 说　 渠他　不　 过。

23. sʁʔ˧ ·ɔ i˩ʔ˧ piã˧, y˧˩ sʁʔ˧ lie˧ i˩ʔ˧ piã˧.
　　说　 了　 一　 遍，又　 说　 了　 一　 遍。

24. tɕ'in˧˩ ȵin˧ tsei˧ sʁʔ˧ i˩ʔ˧ piã˧.
　　请　 你　 再　 说　 一　 遍。

25. pʁʔ˧ tsɵ˧˩ ·lʁʔ, k'ua˧ tɕ'i˧˥ ·pa!
　　不　 早　 了，快　 去　 吧！

26. ɕiã˧˥ ·sei xa˩˧ xən˧˩ tsɵ˧˩ ·ȵin, ɕia˩ʔ˧ i˩ʔ˧ xɔn˧ tsei˧
　　现　 在　 还　 很　 早　 呢，歇　 一　 下儿　再

　　tɕ'i˧ ·pa.
　　去　 吧。

27. tɕ'i˩ʔ˧ ·ɔ vã˧ tsei˧ tɕ'i˧ xɵ˧˩ ·pa?
　　吃　 了　 饭　 再　 去　 好　 吧？

28. mã˧˥ mã˧˩ ·n̩ ·tʁʔ tɕ'i˩ʔ˧! pʁʔ˧ iɵ˧ tɕi˩ʔ˧ ·saʔ.
　　慢　 慢儿　的　 吃！不　 要　 急　 煞！

29. so˧˩ ·ɔ tɕ'i˩ʔ˧ pi˧˩ tsã˧˥ ·tɵ tɕ'i˩ʔ˧ xɵ˧˩ ·tiã.
　　坐　 着　 吃　 比　 站　 倒　 吃　 好　 点。

　　so˧˩ ·tɵ tɕ'i˩ʔ˧ pi˧˩ tsã˧˥ ·tɵ tɕ'i˩ʔ˧ xɵ˧˩ ·tiã.
　　坐　 倒　 吃　 比　 站　 倒　 吃　 好　 点。

30. xei˧ tɕ'i˩ʔ˧ ·ɔ vã˧ ·lʁʔ, ȵin˧ tɕ'i˩ʔ˧ ·ɔ vã˧ mʁʔ˧ y˧
　　渠他　吃　 了　 饭　 了，你　 吃　 了　 饭　 没　 有

　　ȵin?
　　呢？

31. xei˧ tɕ'i˧˥ ·ko sə˧ ·xei, ŋã˧ mɔ˧ tɕ'i˧˥ ·ko.
　　渠他　去　 过　 上　 海，俺　 没　 去　 过。

32. lei vən ·vən ei · to fɔ çiə pɤʔ çiə?
　　来　闻　闻　这　朵　花　香　不　香?

33. kei ŋã iʔ pən suɭ!
　　给　俺　一　本　书!
　　pɔ ŋã iʔ pən suɭ!
　　把　俺　一　本　书!
　　kei iʔ pən su kei ŋã.
　　给　一　本　书　给　俺。
　　pɔ iʔ pən su pɔ ŋã.
　　把　一　本　书　把　俺。

34. ŋã sɤʔ sei mɔʔ suɭ.
　　俺　实　在　没　书。

35. n̩in kɵ ·su ·xei.
　　你　告　诉　渠他。
　　n̩in kən xei kəʋ.
　　你　跟　渠他　讲。

36. xɵ xɵ ·n̩ ·tɤ tsu! pɤʔ iɵ pɵ!
　　好　好　儿　的　走! 不　要　跑!

37. çiɵ çin k'uã tɵ ·ɔ　pɔ ·ia pɔ pɤʔ
　　小　心　蹟　倒　了跌下去　爬　也　爬　不
　　tç'i ·lei.
　　起　来。
　　çiɵ çin k'uã ʔ xɔ ·kɔ　pɔ ·ia pɔ pɤʔ
　　小　心　蹟　了　下　去跌下去　爬　也　爬　不
　　tç'i ·lei!
　　起　来!

38. i sən xã n̩in to k'uən iʔ k'uən.
　　医　生　喊叫　你　多　眍睡　一　眍睡。
　　i sən ɵ n̩in to k'uən xɔ ·tsɿ.
　　医　生　教　你　多　眍睡　下　子。

39. tç'iʔ iã fɤʔ xɔʔ ts'ɔ to pɤʔ tsoŋ.
　　吃　烟　或　喝　茶　都　不　中行。

40.　iã˩ ·ia xɵ˦, ts'ɔ˩ ·ia xɵ˦, ŋã˥ to˩ pɤʔ˦ çi˦ ·fɛ.
　　　烟　也　好，　茶　也　好，　俺　都　不　喜　欢。

41.　pɤʔ˦ kuɛ˧ ȵin˥ tɕ'i˧ pɤʔ˦ tɕi˧, fã˧ tsən˥ ŋã˥ ·ʂ
　　　不　管　你　去　不　去，　反　正　俺　是

　　　iɵ˦ tɕ'i˥ ·tɤʔ.
　　　要　去　的。

42.　ŋã˥ fi˩ iɵ˦ tɕ'i˦.
　　　俺　非　要　去。

　　　ŋã˥ fi˩ tɕ'i˦ pɤʔ˦ k'ʌ˦.
　　　俺　非　去　不　可。

43.　ȵin˥ ·ʂ lɔ˩˥ iʔ˦ ȵiã˦ lei˧˦ tɤʔ?
　　　你　是　哪　一　年　来　的？

44.　ŋã˥ ·ʂ çiã˧˦ ·ȵiã tɵ˥ pɤʔ˦ ·tɕin ·tɤʔ.
　　　俺　是　前　年　到　北　京　的。

45.　kən˩ ·tɕiɵ k'ei˩ vei˥ lɔ˩˥ koʔ˥ ʂ˥ tsu˦ ·çiʔ?
　　　今　朝今天　开　会　哪　个谁　是　主　席？

46.　ȵin˥ tɤʔ˦ tɕ'in˧ ŋã˥ tɤʔ˦ k'ɤʔ˦.
　　　你　得　请　俺　的　客。

47.　iʔ˦ piã˥ tsu˦, iʔ˦ piã˥ sɤʔ˦.
　　　一　边　走，　一　边　说。

48.　iaʔ˦ tsu˦ iaʔ˦ iã˥, iaʔ˦ sɤʔ˦ iaʔ˦ to˩.
　　　越　走　越　远，　越　说　越　多。

49.　pɔ˦ kei˥ ·ko toŋ˩ ·çi la˧˦ ·ɔ ·po ŋã˥.
　　　把　那　个　东　西　拿　了　把给　俺。

50.　y˥ ·çi t'i˥ ·fə pɔ˦ t'aʔ˥ ·ia tɕiɵ˥ ȵiʔ˦ ·ly.
　　　有　些　地　方　把　太　阳　叫　日　头。

　　　y˥ ·çi t'i˥ ·fə pɔ˦ t'aʔ˥ ·ia tə˥ ȵiʔ˦ ·ly.
　　　有　些　地　方　把　太　阳　当　日　头。

51.　ȵin˥ ki˥ çin˥? ŋã˥ çin˥ və˦.
　　　您　贵　姓？　俺　姓　王。

52.　ȵin˥ çin˥ və˦, ŋã˥ ·ia çin˥ və˦, ŋã˥˦ ·lei liə˥ ·ko
　　　你　姓　王，　俺　也　姓　王，　俺　里我们　两　个

ȵin˧˩ to˩ ɕin˧ və˧˩.

人　都　姓　王。

53.　ȵin˧ ɕiã˩ tɕ'i˧˥ ·pa, ŋã˥˩ ·lei tən˥˩ i˧˥ xɔ˧ tsei˧

　　你　先　去　吧，俺 里我们 等　一　下　再

tɕ'i˧/k'i˧.

　　去。

54.　ei˥˩ ·ko tɕ'i˧˥ tɤ˧˥, kei˥˩ ·ko tɕ'i˧˥ pɤ˧˥ tɤ˧˥.

　　这　个　吃　得，那　个　吃　不　得。

　　ei˥˩ ·ko lən˥˩ tɕ'i˧˥, kei˥˩ ·ko pɤ˧˥ lən˥˩ tɕ'i˧˥.

　　这　个　能　吃，那　个　不　能　吃。

55.　ei˥˩ sɿ˩ xei˥˩ ·tɤʔ su˩, kei˥˩ pən˥˩ sɿ˩ xei˥˩ ·kɔ kɔ˩

　　这　是　渠他　的　书，那　本　是　渠他　家　哥

·ko ·tɤʔ (su˩).

　　哥　的　（书）。

56.　k'ɛ˧ su˩ ·tɤʔ k'ɛ˧ su˩, k'ɛ˧ pθ˩ ·tɤʔ k'ɛ˧ pθ˩, ɕiɔ˥˩

　　看　书　的　看　书，看　报　的　看　报，写

sɿ˩ ·tɤʔ ɕiɔ˥˩ sɿ˩.

　　字　的　写　字。

57.　ɕiə˩ ·tɤʔ xən˥˩ sɿ˩ pɤ˧˥ sɿ˩?

　　香　得　很，是　不　是?

　　ɕiə˩ ·tɤʔ xən˥˩, xo˥˩ sɿ˩ ·tɤʔ?

　　香　得　很，可　是　的?

58.　sɿ˥˩ sɿ˧ ·k'ɛ.

　　试　试　看。

　　sɿ˥˩ i˧˥ xɔ˧ ·tsɿ ·k'ɛ.

　　试　一　下　子　看。

　　sɿ˥˩ i˧˥ sɿ˧.

　　试　一　试。

　　sɿ˥˩ i˧˥ xɔ˧.

　　试　一　下。

59.　kən˩ ·tɕiə xən˥˩ ȵia˧ʔ.

　　今　朝今天　很　热。

kən⌟ ·tɕiɵ ȵiaʔ˥ ·tɤʔ xən˦.
今　朝今天　热　　得　很。

60. kən⌟ ·tɕiɵ fi⌟ tɕʼiə˩ ȵiaʔ˥.
　　今　朝今天　非　常　热。

kən⌟ ·tɕiɵ tʼɤʔ˥ pʼiaʔ˥ ȵiaʔ˥.
今　朝今天　特　别　热。

kən⌟ ·tɕiɵ ȵiaʔ˥ tɕiʔ˥ ·lɤʔ.
今　朝今天　热　极　了。

kən⌟ ·tɕiɵ ȵiaʔ˥ xən˦˥ ·lɤʔ.
今　朝今天　热　很　了。

61. ŋã˥ ma˥˦ ·ɔ iʔ˥ koˉ vɤ˦.
俺　买了　一　个　碗。

62. xei˩˥ sei˥ tɕin⌟ ·ɕiã koŋ⌟ tsɔʔ˥.
渠他　在　泾县　工　作。

63. xei˩ sei˥ tɕʼiʔ˥ vã˥.
渠他　在　吃　饭。

64. xei˩ kən⌟ ·tɕiɵ tsʼɤ⌟ ·ɔ iʔ˥ sən⌟ ɕin˦˥ ·zə.
渠他　今　朝今天　穿　着　一　身　新　衣裳。

65. xei˩˦ ·ko mən˩ so˦˥ ·ɔ, tsʼɵ⌟ ·tsɿ ia˥˦ kuã⌟ ·ɔ, iʔ˥
渠他　家　门　锁　着，窗　子　也　关　着，一
·ko ·ȵin to⌟ mɤʔ˥ ·tɤʔ.
个　人　都　没　得没有。

66. xei˩˥ lei˩˦ ·ɔ.
渠他　来　了。

67. tʼiã⌟ iɵˉ lɔʔ˥ viˉ ·tɤʔ.
天　要　落　雨下雨　了。

68. ȵin˥˦ pɔ˦˥ mən˩ kuã⌟ ·sə.
你　把　门　关　上。

69. ȵin˥˦ pɔ˦˥ ɕiã˩ fəˉ ·xɵ, pei˦˥ tsʼa˦˥ ·lɤʔ.
你　把　钱　放　好，别　笪丢　了。

70. kei˥˦ ·ko vɤ˦˥ ȵiaˉ xei˩˥ ta˦˥ pʼoˉ˥ ·ɔ.
那　个　碗　让　渠他　打　破　了。

kei˥˩ ·ko vɛ˥˩ p'i˥ xei˥ ta˥˩ p'o˥ ·ɔ.
那　个　碗　被　渠他　打　破　了。

71. ȵin˥ pɔ˥ ŋã˥ i?˥ pɔ˥˩ tɕiã˥˩ tə˩.
　　你　把给　俺　一　把　剪　刀。

72. xei˥ pɔ˥ ȵã˥ i?˥ ·ko t'ə˥ ·ɤ?.
　　渠他　把给　俺　一　个　桃　的桃子。

73. ei˥˩ so˥ sã˩ ȵã˥ p'ɔ˥ ·ɤ? sə˥ ·tɕi, xei˥ p'ɔ˥
　　这　座　山　俺　爬　得　上　去，渠他　爬
·pɤ? ·sə.
不　上。

74. ȵin˥ tsei˥ tɕ'i?˥ i?˥ vɛ˥ (t'iã˩).
　　你　再　吃　一　碗　（添）。

75. ŋã˥ mɔ?˥ t'in˥˩ tɕ'in˥, ȵin˥ tsei˥ sɤ?˥ i?˥ piã˥ (t'iã˩).
　　俺　没　听　清，你　再　说　一　遍　（添）。

76. çiɔ?˥ ·ɳ̍ tɕiə xei˥ mɔ?˥ lei˥, kən˩ ·tɕiə xei˥ xa?˥
　　昨　日　朝昨天　渠他　没　来，今　朝今天　渠他　还
mɔ?˥ lei˥.
没　来。

77. ŋã˥ ·sɿ lə˥ sɿ˩, xei˥ ia˥˩ ·sɿ lə˥ sɿ˩.
　　俺　是　老　师，渠他　也　是　老　师。

78. ȵin˥ tɕ'i˥ pɤ?˥ tɕ'i˥?
　　你　去　不　去？

ȵin˥ xo˥ tɕ'i˥?
你　可　去？

79. xei˥ tɕ'i˥ mɔ?˥ tɕ'i˥?
　　渠他　去　没　去？

xei˥ xo˥ tɕ'i˥ ·ɔ?
渠他　可　去　了？

80. t'i˥ ·çioŋ sã˩ ·ko xei˥ tsei˥ t'o˥.
　　弟　兄　三　个　渠他　最　大。

t'i˥ ·çioŋ sã˩ ·ko sɛ˥ xei˥ t'o˥.
弟　兄　三　个　算　渠他　大。

81. ei ˩ ·vɛ ts'ei ˦ t'a ˦ xã ˩ ·ɔ.
　　这　碗　菜　太　咸　了。

　　ei ˩ ·vɛ ts'ei ˦ xã ˦ xən ˩ ·ɔ.
　　这　碗　菜　咸　很　了。

82. ŋã ˦ tɕ'i ʔ ˦ ·ɔ sã ˩ ·vɛ vã ˦ xa ʔ ˦ mɔ ʔ ˦ tɕ'i ʔ ˦ (tɤ ʔ ˦) pɵ ˩.
　　俺　吃　了　三　碗　饭　还　没　吃　（得）　饱。

83. n̠in ˦ so ˦ n̠iã ˩, xei ˩ so ˦ kã ˩.
　　你　坐　这儿，　渠他　坐　那儿（近处）。

　　n̠in ˦ so ˦ n̠iã ˩, xei ˩ so ˦ kã ˩.
　　你　坐　这儿，　渠他　坐　那儿（远处）。

84. so ˩ ·ɔ kã ˩, pei ˩ tsã ˦ ·tɕ'i ·lei.
　　坐　着在　那儿，　别　站　起　来。

85. xei ˩ k'ɛ ˦ t'iã ˩ ·ʂʅ k'ɛ ˦ k'ɛ k'ɛ ˦ ·k'ɛ k'uən ˦ ·tɕiɔʔ
　　渠他　看　电视　看　看　看　看　睏睡　着

　　·ɔ.
　　了。

　　xei ˩ k'ɛ ˦ t'iã ˩ ·ʂʅ k'ɛ ˦ ·tɕiɔʔ ·tɤʔ k'ɛ ˦ ·tɕiɔʔ ·tɤʔ
　　渠他　看　电视　看　着　的　看　着　的

　　k'uən ˦ ·tɕiɔʔ ·ɔ.
　　睏睡　着　了。

86. t'iã ˩ lən ˩ ·cx ˦ xɔ ˦ ·lɤʔ.
　　天　冷　下下来　了。

87. n̠in ˩ tɕ'iʔ ˦ ·ɔ (vã) mɤʔ ˦ ·yʔ?
　　你　吃　了　（饭）　没　有？

　　vã ˦ n̠in ˩ tɕ'iʔ ˦ ·ɔ mɤʔ ˦ ·yʔ?
　　饭　你　吃　了　没　有？

88. xei ˩ tsu ˩ ·tɤʔ xən ˩ k'ua ˦.
　　渠他　走　得　很　快。

　　xei ˩ tsu ˩ ·tɤʔ k'ua ˦ ·tɤʔ xən ˩.
　　渠他　走　得　快　得　很。

89. ŋã ˦ ta ˩ ·tɤʔ ko ˦ ·xei.
　　俺　打　得　过　渠他。

ŋã˥ ta˅˦ ·tɤʔ xei˥ ˥ko˥.

俺　打　得　渠他　过。

90.　ŋã˥ ta˅˦ ·pɤʔ ko˥˩ ·xei.

　　　俺　打　不　过　渠他。

ŋã˥ ta˅˦ xei˥˩ pɤʔ˧ ko˥.

俺　打　渠他　不　过。

ŋã˥ ta˅˦ pɤʔ˧ xei˥˩ ko˥.

俺　打　不　渠他　过。

91.　ȵin˥˅ tɕʼi˧ xã˅˥ ·ei iʔ˧ sɛ˩.

　　　你　去　喊叫　渠他　一　声。

ȵin˥˅ tɕʼi˧ xã˅˥ iʔ˧ sɛ˩ xei˦.

你　去　喊叫　一　声　渠他。

92.　ei˅˦ so˥ sã˩ pɤʔ˧ y˦ kei˥ so˥ sã˩ kθ˦.

　　　这　座　山　不　如　那　座　山　高。

93.　pei˅˦ tɕiʔ˧˦, ɕiã˩ xɔʔ˧ tiã˅˥ ɕi˅˥ ·n̩ tsei˥ kə˦.

　　　别　急，　先　喝　点　水　儿　再　讲说。

94.　ȵin˥ xo˅˥ y˥ ɕiã˦?

　　　你　可　有　钱?

ȵin˥ y˥ mɔʔ˧ y˥ ɕiã˦?

你　有　没　有　钱?

ȵin˥ y˥ ɕiã˦ mɔʔ˧ ɕiã˦?

你　有　钱　没　钱?

95.　ȵin˥ xaʔ˧ y˥ ɕiã˦˩ ·mɔ? —— ŋã˥ ioŋ˥ tɤʔ˧ tsɤʔ˧ y˥

　　　你　还　有　钱　吗? —— 俺　用　得　只　有

iʔ˧ kʼua˥ ·ɕiã ·lɤʔ.

一　块　钱　了。

96.　i˩ ·mɔ˧ ʂax˧ i˅˦ kɤ˩ ·lɤʔ, xɔ˅˥ i xaʔ˧ mɔʔ˧ kɛ˩.

　　　衣　裳　上　衣　干　了，　下　衣　还　没　干。

97.　xei˦ so˅˥ ·ɔ i˅˦ ·tsɻ ·lə.

　　　渠他　坐　着　在　椅　子　上。

98.　ȵin˥ ·sɻ ɛ˩ fi ·ȵin, ŋã˥ ia˥ ·sɻ ɛ˩ fi ·ȵin, xei˦

　　　你　是　安徽　人，　俺　也　是　安徽　人，　渠他

pɤʔ˧ sๅ˧ ɛ˩ ˪ʂๅ ·fi ·n̠in.

不　是　安　徽　人。

99.　su˩ ·n̠in su˩ n̠iã˥ pɤʔ˧ xɵ˅, ɕy˅˥ n̩˪ ·n̠in ɕy˅˥ n̩˥ ·ia

　　书　呢　书　念　不　好，手　艺　呢　手　艺　也

xɔʔ˧ pɤʔ˧ tsˀɤʔ˧ ·lei, n̠in˪ sən˅˥ ·kɔʔ p·ã˥?

　学　不　出　来，你　怎　个怎么 办?

su˩ ·n̠in su˩ n̠iã˥ pɤʔ˧ xɵ˅, ɕy˅˥ n̩˪ ·n̠in ɕy˅˥ n̩˥ ·ia

书　呢　书　念　不　好，手　艺　呢　手　艺　也

xɔʔ˧ pɤʔ˧ tsˀɤʔ˧ ·lei, n̠in˪ sən˅˥ ·kɔʔ kɵ˅?

学　不　出　来，你　怎　个怎么 搞?

100.　tsɵ˅˅ kɵ˅˥ ·ɔ ˪tsən˅˥ kɔ˥ ·tsˀnɛ˩ ·tsๅ to˩ mɔʔ˧ tsɵ˅˥ tɵ˥

　　　找　交遍 了　整　个　村　子　都　没　找　到

xei˄.

渠他。

第七章　安徽泾县查济方言语料标音举例

tɕiaʔ˧˩ fən˩
结　婚

mei˧˩ p'o˥˩ ·a, tso˧˩ mei˧˩ ·tɤʔ n̠in˧˩. in˧˩ tɕ'in˩ kθ˧˥ xθ˧˥ i˧˩
媒　婆　啊，做　媒　的　人。迎　亲　搞　好　以

çy˧˩, kã˧˥ tɕiɔʔ˧˩ ts'ɔ˩ pɤʔ˧˩ to˩ ·lɤʔ, xei˧˩ ko˧˥ ·n̠in tɕ'i˧˩, pɤʔ˧˩
后，　感　觉　差　不　多　了，渠她　个　人　去，　不

ta˧˩ lɛ˧˥ ·tɤʔ tɕ'i˧˩, ia˥˩ pɤʔ˧˩ ta˧˩ n̠˥˩ ·tɤʔ tɕ'i˧˩. tθ˧˩ n̠˥˩·
带　男　的　去，　也　不　带　女　的　去。到　女

·tɤʔ kɔ˩ ·li tɕ'i˧˩. i˧˩ çiã˧˩, mei˧˩ p'o˥˩ tʂ˩ tsɛ˧˩ mən˧˩ ts'oŋ˧˩
的　家　里　去。以　前，　媒　婆　是　专　门　　从

·s̩ fən˩ in˧˩ ka˧˩ çiθ˩ ·tɤʔ, fən˩ in˩ ka˧˩ çiθ˩ ka˧˩ çiθ˩ ts'ɔ˩
事　婚　姻　介　绍　的，　婚　姻　介　绍　介　绍　差

pɤʔ˧˩ to˩ ·lɤʔ, xei˧˩ lei˧˩ piã˩ sɤʔ˧˩, y˧˩ s̩˧˥ ·çy çy˧˩ k'cu˧˩
不　多　了，渠她　两　边　说，　有　时　候　就　夸　大

tiã˥˩, y˧˩ s̩˧˥ ·çy ·n̠i, t'ɤʔ˧˩ p'ia˧˩ sɤʔ˧˩ tɤʔ˧˩ xθ˧˥ iʔ˧˩ tiã˥˩,
点，　有　时　候　呢，　特　别　说　得　好　一　点，

kei˧˥ iθ˥˩ ·ts̩ pɤʔ˧˩ çy ioŋ˧˥ i˧˩ ts'ən˧˥ koŋ˩ ·lɤʔ ·mɤŋ. tɕiaʔ˧˩
那　样　子　不　就　容　易　成　功　了　么。　结

ko˧˥ iʔ˩ çy˩ ·n̠i, t'i˧˥ ɛ˩ p'u˩, k'ei˩ s̩˧˥ çiθ˥˩ tɕ'in˩ ·lɤʔ,
果　以　后　呢，　第　二　步，　开　始　相　亲　了，

ŋo˧˥ ·mən tsei˧˩ ·li y˩ sã˩ p'u˩ tɕ'iɔʔ˧˩. t'i˧˥ iʔ˩ p'u˩ ·s̩ k'ɛ˩·
我　们　这　里　有　三　部　曲。　第　一　部　是　看

ȵinᴸ ·kɔ, k·ɜ꜒ ȵinᴸ ·kɔ ɕy꜒ ꜖ʂ꜒ ꜕ʮꜛ fə꜖ tə꜕ lɛᴸ fə꜖ kɔ꜖
人　家，　看　人　家　　就　是　女　方　到　男　方　家

·li leiᴗ k·ɜ꜒. pə꜖ k·ɔʔ꜖ xeiᴸ ·lei　·tɤʔ tɕin꜖ ·kã to꜖ leiᴗ k·ɜ꜒
里　来　看。　包　括　　渠　里　她们　的　亲　眷　都　来　看。

k·ɜ꜒ ȵinᴸ kɔ꜖　·tɤʔ iʔ꜕ p·u꜖ tso꜔ vãᴗ i꜖ꜛ ɕy꜒ ·ȵi, t·i꜒ ɛ꜒
看　人　家　的　一　步　做　完　以　后　呢，　第　二

p·uꜛ ·ʂʅ ŋaʔ꜒ kən꜖. laᴗ ɕiã꜔ zei꜒ kəꜗ ɕy꜒ ·ʂʅ t·oŋ꜖ ɕyᴗꜗ soʔ꜒.
部　是　压　庚。　拿　现　在　讲　就　是　动办　手　续。

kei꜖ tɕy꜔ ȵinᴗ kɔ꜖ ·tɤʔ kɔ꜖ t·inᴗ vãᴸ ·tɕin sənᴸ ·mɤꜗ iə꜖
根　据　人　家　的　家　庭　环　境　什　么　样

·tsʅ, kei꜖ soŋ꜔ to꜖ ɕiəꜗ ts·eiᴸ·li, sə꜖ fə꜖ t·ãᴗ ·xə, ɕy꜒ ·ʂʅ
子，　该　送　多　少　彩　礼，　双　方　谈　好，　就　是

lɛᴸ ·fə ɕiãꜗꜗ ·xə ȵiʔ꜒ ·tsʅ tə꜔ ꜕ʮꜛ fə꜖ kɔ꜖ ·li tɕ·i꜔ ɕy꜒ ·ʂʅ
男　方　选　好　日　子　到　女　方　家　里　去，　就　是

tɕiə꜔ ŋaʔ꜒ kən꜖. xaʔ꜒ y꜒ iʔ꜒ ·ko soŋ꜔ꜗ ȵi꜒ ·tsʅ, ɕy꜒ ·ʂʅ
叫　压　庚。　还　有　一　个　送　日　子，　就　是

lɛᴸ fə꜖ ɕiãꜗꜗ xəꜗ ȵiʔ꜒ ·tsʅ, ɕiɔꜗ ·sə t·a꜒ ·t·iaʔ, ɕiꜗ ȵiʔ꜒, liəᴗ
男　方　选　好　日　子，　写　上　大　贴，　喜　日，　良

zənᴗ tɕiʔ꜒ ȵiʔ꜒, ɕiᴗ ta꜔ ts·eiᴗꜗ ·li,　soŋ꜔ tə꜔ ꜕ʮꜛ fə꜖ kɔ꜖ ·li
辰　吉　日，　携　带　彩　礼，　送　到　女　方　家　里

tɕ·i꜒. soŋ꜔ꜗ ȵiʔ꜒ ·tsʅ ·ʂʅ ŋaʔ꜒ kən꜖ ·tɤʔ ɕy꜒ soʔ꜒. t·i꜒ꜛ sã꜖
去。　送　日　子　是　压　庚　的　后　续。　第　三

iʔ꜕ p·u꜒, ɕy꜒ ·ʂʅ ko꜔ mənᴗ, ko꜔ mənᴗ ɕy꜒ ·ʂʅ tɕ·iꜗꜗ tɕ·in꜖. i꜖ꜛ
一　部，　就　是　过　门，　过　门　就　是　娶　亲。　以

iãᴗ ·tɤʔ foŋ꜖ soʔ꜒ y꜒ t·eiᴸ tɕ·iəꜗꜗ ·tsʅ, tɕ·i꜖ laᴸ ·pɔ, xaʔ꜒
前　的　风　俗　有　抬　轿　子，　吹　喇　叭，　还

·y t·eiᴗ piã꜖ tsu꜖ t·yᴗ mi꜖, vən꜖ tsu꜖ tã꜔ mi꜖, iʔ꜒ pã꜖ ·tɤʔ
有　抬　边　猪　头　米，　囫　猪　担　米，　一　般　的

·ʂʅ tsənᴗꜗ ko꜔ ·tɤʔ tsu꜖ ·ʂʅ vən꜖ tsu꜖, iʔ꜒ p·ə꜔ k·ei꜖ ·lei ·tɤʔ
是　整　个　的　猪　是　囫　猪，　一　剖　开　来　的

·ʂʅ tɕiə꜔ piã꜖ tsu꜖, pɛ꜒ ko꜔ tsu꜖, pɔꜗ pɛ꜔ꜛ ko꜔ tsu꜖ t·eiᴸ　·ɔ
是　叫　边　猪，　半　个　猪，　把　半　个　猪　抬　上

tɕⁱi˥, xaʔ˥ y˥ tʻy˧˩ mi˥ ·a sən˧ ·ɤ˥ toŋ˩ ·ɕi, tɕⁱo˩ lo˧ ta˥˩
去，　还　有　头　米　啊　什　么　东　西，　敲　锣　打

ku˥˩, tʻei˧˩ tɕⁱo˥˩ ·tsʅ, in˧ tɕⁱin˩ ko˥ mən˧. iʔ˥ pã˩ ·tɤʔ pɤʔ˥
鼓，　抬　轿　子，　迎　亲　过　门。　一　般　的　不

tɤʔ˥ ɕio˥˩ ·y sã˩ pʻu˩ tɕⁱoⁱʔ˥. eⁱ˥˩ ko˥ sã˩ pʻu˩ tɕⁱoⁱʔ˥ sei˥
得　少　于　三　部　曲。　这　个　三　部　曲　在

ŋa˧˥ ·li　pø˩ kʻɔ˥ tɕⁱɤ˥ ɕy˥ ŋɤ˩, tsɔ˩ tɕⁱi˥, tʻø˧ lɔ˩ tɤ˥ to˩ ·sʅ
我　里我们　包　括　厚　岸，　查　济，　桃　花　潭　都　是

iʔ˥ iə˧˥ ·tɤʔ.
一　样　的。

　kã˩ in˧ tɕⁱin˩ ·tɤʔ kei˥ tʻiã˩, lɛ˧˩ ·fə kɔ˩ ·li pʻɛ˧ ɕi˥˩
　那　迎　亲　的　那　天，　男　方　家　里　办　喜

tɕyv˥˩, saʔ˥ tsu˩ tsɛ˥˩ iə˧, in˧ pin˩ tʻei˩ kʻɤ˥˩, ȵia˥ lə˩ fi˩ fã˧.
酒，　杀　猪　宰　羊，　迎　宾　待　客，　热　闹　非　凡。

kã˩ ko˥ ·ɔ tɕⁱaʔ˥ fən˩ ·tɤʔ tʻi˥ iʔ˥ tʻiã˩, tʻi˥ ɛ˩ tʻiã˩, tʻi˥
那　过　了　结　婚　的　第　一　天，　第　二　天，　第

sã˩ tʻiã˩, kã˩ xaʔ˥ iə˥ tsʻɤʔ˥ tsən˥ ·ly vei˥. sən˧ ·mɤ˥ tɕⁱo˥
三　天，　那　还　要　出　枕　头　会，　什　么　叫

tsən˥ ·ly vei˥? tʻy˧ iʔ˥ tʻiã˩ ɕin˩ ɕiʔ˥ ·u tɕⁱn˥ ·ɔ mən˧, xei˧
枕　头　会？　头　一　天　新　媳　妇　进　了　门，　渠那

ɛ˧˩ ·lə　xaʔ˥ iə˥ pɛ˥ tsə˩ iʔ˥ ko˥ ȵin˧ tɕⁱi˥ tʻy˩ ɕin˩ ɕiʔ˥ ·u
晏 上晚上　还　要　扮　装　一　个　人　去　偷　新　媳　妇

xə˧, xei˧ iʔ˥ ko˥ tʻy˩ ·sʅ min˧˩ ·tɤʔ, tʻy˩ ·tiã toŋ˩ ·ɕi
房，　渠那　一　个　偷　是　明　的，　偷　点　东　西

tsɤʔ˥ ·lei, eⁱ˥˩ ko˥ pɛ˥ tsə˩ ·tɤʔ ȵin˧ sən˧ tsʅ˥ ·y ·sʅ kɔ˩
出　来，　这　个　扮　装　的　人　甚　至　于　是　家

·lei ·tɤʔ tɕⁱin˩ ·kiã xucⁱ˥ tsɛ˥˩ ·sʅ lɔ˩ ·lei ·tɤʔ pʻoŋ˧ y˥,
里　的　亲　眷　或　者　是　家　里　的　朋　友，

tɕⁱi˥ lə˥, la˧ iʔ˥ tɕⁱɤ˩ i˩ ·zə ɕy˩ tsu˥˩ ·lɤʔ. tʻi˥ ȵ̩˩ tɕⁱo˩ ɕy˥
去　闹，　拿　一　件　衣　裳　就　走　了。　第　二　朝　就

·sʅ kə˧ iə˥ eⁱ˥˩ ko˥ ɕin˩ fə˧, tsei˥ tsʻoŋ˧ lə˩ iʔ˥ xɔ˧˩ ·tsʅ,
是　讲　要　这　个　新　房，　再　重　闹　一　下　子，

sã˩ t'iã˩ pɤʔ˥ fən˩ t'o˩ çie˩ˇ, p'in˧ pei˩ tçie˩ˇ pei˩ to˩ lən˧ tçi˥
三　　天　　不　　分　　大　　小，　平　　辈　　长　　辈　　都　　能　　去

lə˩. ei˩ˇ çy˩ tçie˥ tsən˩ˇ ·ly vei˧, tsɤʔ˥ t'y˩ i˥ ko˥ tsən˩ˇ ·ly
闹。　这　　就　　叫　　枕　　头　　会，　只　　偷　　一　　个　　枕　　头

çy˥ p'ɵ˩ˇ ·lɤʔ. t'i˥ sã˩ i˥ t'iã˩ tsɤʔ˥ tsən˩ˇ ·ly vei˧, sən˩
就　　跑　　了。　第　　三　　一　　天　　出　　枕　　头　　会，　甚

tsʅ˥ ·y xa˥ pɔ˩ˇ kei˥ ·ko t'y˩ tsən˩ˇ ·ly ·tɤʔ n̠in˧ xa˥ ie˥
至　　于　　还　　把　　那　　个　　偷　　枕　　头　　的　　人　　还　　要

tsən˩ˇ ·xɔ ·tsʅ. kã˩ ts'ɤ˥ tsən˩ˇ ·ly vei˧, xa˥ ie˥ tçi˥ pa˩
整　　下　　子。　那　　出　　枕　　头　　会，　还　　要　　去　　拜

fən˩ˇ n̠iã˧, çy˩ ·tsʅ n̠in˧ xei˧ ·tɤʔ tsu˩ tsoŋ˩, ta˥ çin˧ çi˥ ·u
坟　　年，　就　　是　　认　　渠　　他　　的　　祖　　宗，　带　　新　　媳　　妇

tçi˥ n̠in˧ tsu˩ˇ tsoŋ˩. tsɛ˩ˇ ·lei tçin˧ mən˧ pɔ˩ˇ liã˧ tən˧ pa˩ˇ
去　　认　　祖　　宗。　转　　来　　进　　门　　把　　连　　凳　　摆

kã˩, çy˩ ko˥ tçin˧ tçie˧ ko˥ n̠in˧ tçie˧, tçin˩ n̠in˧ ·sʅ çia˥
那儿，　就　　过　　金　　桥　　过　　银　　桥，　金　　银　　是　　象

·tsən sɛ˧ ·fu ·a. tə˥ n̠in˧ kɔ˩ ·lei, tsoŋ˩ˇ ·tɤʔ lei˧ kə˧ ·sʅ
征　　财　　富　　啊。　到　　人　　家　　里，　总　　的　　来　　讲　　是

tçi˥ lə˩, sã˩ t'iã˩ pɤʔ˥ fən˩ t'o˩ çie˩ˇ, tsoŋ˩ˇ ·tɤʔ lei˧ kə˧ ·n̠i
去　　闹，　三　　天　　不　　分　　大　　小，　总　　的　　来　　讲　　呢

xei˧ loŋ˩ˇ ·kɔ ·n̠i k̠ɜ˥ xei˧ ·tɤʔ sən˩ ·sʅ xei˧ ·tɤʔ kɔ˩
渠　　那　　农　　家　　呢，　看　　渠　　他　　的　　声　　势　　渠　　他　　的　　家

·ti, n̠ia˧ lə˩ ·tɤʔ ts'ən˩ˇ ·tu. tsoŋ˩ˇ ·tɤʔ lei˧ kə˧ i˥ pã˩
底，　热　　闹　　的　　程　　度。　总　　的　　来　　讲　　一　　般

·tɤʔ n̠in˧ ·kɔ i˥ ko˥ sã˩ p'u˩ tçio˥ xa˥ ·sʅ y˩ ·tɤʔ, k̠ɜ˥
的　　人　　家　　一　　个　　三　　部　　曲　　还　　是　　有　　的，　看

n̠in˩ˇ ·kɔ, ŋaʔ˥ kən˩ soŋ˩ˇ n̠iʔ˥ ·tsʅ. xa˥ y˩ˇ ·tɤʔ n̠in˩ˇ ·kɔ
人　　家，　压　　庚，　送　　日　　子。　还　　有　　的　　人　　家

kã˩ˇ fo˥ i˥ xɔ˩ ·tsʅ pɔ˩ˇ k̠ɜ˥ n̠in˩ˇ ·kɔ ŋaʔ˥ kən˩ pin˩ i˥
简　　化　　一　　下　　子　　把　　看　　人　　家　　压　　庚　　并　　一

xɔ˩ ·tsʅ ia˩ tsoŋ˩, tã˥ i˥ pã˩ ·tɤʔ to˩ y˩ sã˩ p'u˩ tsu˩ˇ. ei˩ˇ
下　　子　　也　　中，　但　　一　　般　　的　　都　　有　　三　　步　　走。　这

koˉ ·sʅ tɕiaʔˉ fənˉ. xaˉ yˊ iʔˉ koˉ,　n̠iãˊ ləˉ peiˉ tɕieˇ ·tɤʔ

个　是　结　婚。　还　有　一　个，　年　老　辈　长　的

n̠inˊ tɕieˉ saʔˉ tɕieˉ, xaʔˉ yˊ tsʻɔ iaʔˉ, miˉ tʻyˉ, tsoŋ˩ ·zu

人　叫　撒　帐，　还　有　茶　叶，　米　豆，　棕　树

koˇ ·ko ·tɤʔ, tɕiʔˉ liˉ ·tɤʔ toŋ˩ ·ɕi, fəˉ xeiˊ iʔˉ teiˉ saʔˉ,

果　果　的，　吉　利　的　东　西，　放　渠那　一　堆　撒，

ɕieˉ tsən˩ keiˇ ·ko sʅˉ ·çy toˉ tsʅˇ toˉ sənˉ, keiˇ tɕieˉ

象　征　那　个　时　候　多　子　多　孙，　那　叫

saʔˉ tɕieˉ.

撒　帐。

səˉ sʅˉ

丧　事

sən˩ çiãˊ eiˇ tsoˉ sãˉ pʻuˉ. iʔˉ koˉ sʅˉ tʻɜˉ çyˉ,　　iʔˉ

生　前　这　做　三　步。　一　个　是　团　寿做寿材，　一

koˉ sʅˉ tsoˉ çyˉ iˊ, xaʔˉ yˊ iʔˉ koˉ sʅˉ tsoˉ fənˊ tʻoŋˉ. tsənˉ

个　是　做　寿　衣，　还　有　一　个　是　做　坟　洞。　真

tsənˉ tɤʔˉ koˉ sʅˉ ·lɤʔ, koˉ sʅˉ ·tɤʔ tʻiˉ iʔˉ pʻuˉ, mocʻˊ ləˉ

正　的　过　世　了，　过　世　的　第　一　步，　马　上

ieˉ tɜˉ tɕiˉ ·lɤʔ, tsaʔˉ iʔˉ koˉ soŋˉ tsoŋ˩ tɕieˉ, lieˉ koˉ

要　断　气　了，　扎　一　个　送　终　轿，　两　个

pʻuˇ saʔˉ, tʻeiˊ ·ei səˇ çiˉ tʻiãˊ. çieˉ çiãˊ tsʅˇ, poˇ soŋˉ

菩　萨，　抬　渠他　上　西　天。　烧　钱　纸，　把　送

tsoŋ˩ tɕieˉ iʔˉ tɕʻiˇ çieˉ ·lɔ ·ei. kãˉ tənˉ ·ɔ çiãˉ liˉ çyˉ

终　轿　一　起　烧　了　渠它。　那　登　了　仙过世　以　后，

kɔ˩ ·lei n̠inˊ tʻiˉ iʔˉ pʻuˉ çyˉ poˇ çinˊ, çyˉ sʅˉ kəˇ tʻoŋˉ tsʅˉ

家　里　人　第　一　步　就　把　信，　就　是　讲　通　知

lɔˇ ·çi tɕʻinˉ pʻoŋˉ xoˇ yˉ, tiˉ tɕʻinˉ, çyˉ kəˉ suˉ xeiˊ eiˇ

哪　些　亲　朋　好　友，　嫡　亲，　就　告　诉　渠他　这

koˉ ləˉ n̠inˊ tɕiˇ tiãˇ tɕiˇ fənˉ tsuˇ ·ɔ ·lɤʔ, lɔˊ çiãˉ seiˉ

个　老　人　几　点　几　分　走　了　了，　拿　现　在

leiˈ kəˈ ·n̠i, çyˈ s̩ˈ kəˈ səˈ, çyˈ s̩ˈ faˈ səˈ ·ʎʔ. keiˈ
来　 讲　 呢，　就　是　告　丧，　就　是　发　丧　了。　　那

s̩ˈ ŋaˈ ·lei eiˈ piãˈ tçiəˈ pɔˈ çinˈ. çyˈ taˈ faˈ n̠inˈ tçiˈ
是　我　里我们　这　边　叫　把　信。　就　打　发　人　起

xãˈ tsuˈ, mɔˈ ts'ˈ ·ts̩, ts̩ˈ ts'əˈ ·a p'əˈ. kãˈ keiˈ
旱走陆路 走，　冇　车　子，　穿　草　鞋　跑。　那　那

piãˈ n̠inˈ kɔˈ tçiaˈ təˈ ·c çinˈ, k'oˈ lnəˈ piəˈ teiˈ s̩ˈ
边　人　家　接　到　了　信，　可　能　表　示　对　死

·tɤʔ tsənˈ tçinˈ, tsənˈ tsənˈ pɤʔˈ k'oˈ ·tɤʔ n̠inˈ kɔˈ çyˈ lɔˈ
的　尊　敬，　真　正　不　哭　的　人　家　就　拿

koˈ vɛˈ pɔˈ ·ei k'uãˈ ·lɤʔ ·ei, eiˈ tçiəˈ taˈ faˈ. xeiˈ koˈ
个　碗　把　渠它　掼　了　渠它，　这　叫　打　发。　渠那　个

pɔˈ çinˈ ·tɤʔ n̠inˈ çyˈ kəˈ çinˈ, pɤʔˈ iãˈ ·tɤʔ pɤʔˈ k'oˈ
把　信　的　人　就　高　兴，　不　然　的　不　哭

pɤʔˈ taˈ vɛˈ fɤʔˈ tsɛˈ taˈ kuɔˈ çiəˈ xoˈ p'əˈ, pɔˈ çinˈ
不　打　碗　或　者　打　挂　小　火　炮鞭炮，　把　信

·tɤʔ n̠inˈ çyˈ pɤʔˈ kəˈ çinˈ. kãˈ tsɛˈ leiˈ iˈ çyˈ, kɔˈ ·lei iʔˈ
的　人　就　不　高　兴。　那　转　来　以　后，　家　里　一

piãˈ tç'iˈ pɔˈ çinˈ, iʔˈ piãˈ tç'inˈ t'iˈ çiãˈ　　　　çyˈ s̩ˈ
边　去　把　信，　一　边　请　地先地理先生、风水先生　就　是

foŋˈ çiˈ çiãˈ sənˈ, kənˈ tçyˈ xeiˈ ·tɤʔ s̩ˈ kãˈ, lɔˈ t'iãˈ
风　水　先　生，　根　据　渠他　的　时　间亡时，　哪　天

tsuˈ ·tɤʔ, sənˈ mɤʔˈ s̩ˈ ·zən, kɔˈ ·lei ·tɤʔ iʔˈ ·çi s̩ˈ tsˈ
走　的，　什　么　时　辰，　家　里　的　一　些　子　孙

·tɤʔ soʔˈ sənˈ mɤʔˈ ·tɤʔ, t'eiˈ sɛˈ kɔʔˈ kɔˈ ·lei kɔʔˈ tçiˈ
的　属　什　么　的属相，　推　算　搁　家　里　搁　几

t'iãˈ, t'iaˈ iʔˈ koˈ toŋˈ çiˈ ts'ɤʔˈ leiˈ, k'oˈ tãˈ, foŋˈ çiˈ çiãˈ
天，　贴　一　个　东　西　出　来，　课　单，　风　水　先

sənˈ t'iaˈ iʔˈ koˈ toŋˈ çiˈ ts'ɤʔˈ leiˈ lɔˈ iʔˈ t'iãˈ tçinˈ seiˈ
生　贴　一　个　东　西　出　来哪　一　天　进　材棺材，

lɔˈ iʔˈ t'iãˈ ts'ɤʔˈ pinˈ.
哪　一　天　出　殡。

tsๅ˥ y˩ sɤʔ˥ tsʼɤʔ˥˧ pinˉ ·tɤʔ kei˩˥ tʼiãˉ sๅˉ ɕiəˉ təˉ məɯ˥
至　于　说　出　殡　的　那　天　是　相　当　忙

ɕiə˩ təˉ ȵiaʔ˥˧ ləˉ, ŋaˉ ·lei pɤʔ˥ sๅˉ ioŋˉ foˉ kʼɤˊ, tɕiaʔ˥
相　当　热　闹，我　里我们 不　是　用　花　圈，结

fənˉ ioŋˉ ɕi˩ tɕiəˉ, ei˩˥ koˉ sๅˉ ioŋˉ ɕieˉ tɕiəˉ, ɕieˉ tɕiəˉ
婚　用　喜　幛，这　个　是　用　孝　幛，孝　幛

keˉ ·ly lɔʔ˥ koˉ kʼuɛ˩, ei˩˥ koˉ sๅˉ lɔʔ˥ koˉ teiˉ ei˩˥ koˉ ləˉ
高　头　落　个　款，这　个　是　哪　个　对　这　个　老

ŋ̩˩˥ koˉ ·tɤʔ tsʉnˉ tsʼoŋˉ vã˩ˇ soŋˉ. y˩˥ ·tɤʔ tsʉnˉ tsʼoŋˉ kei˩
人　家　的　尊　重　挽　送。有　的　尊　重　渠他

tiã˩ ·ȵi, yˉ vən˩˥ foˉ ·tɤʔ kʼoˇ iˉ ɕiɔ˩ iʔˉ tiã˩ teiˉ liã˩,
点　呢，有　文　化　的　可　以　写　一　点　对　联，

piɔ˩ sๅˉ tsənˉ tɕinˉ. kãˉ tɕʼi˩ˇ tsoŋˉ tənˉ ·ɔ lɔˉ ·lei feˉ tɕi˩
表　示　尊　敬。那　其　中　蹲　了　家　里　放　几

tʼiãˉ, tseiˉ ɕy˩ iʔˉ tʼiã˩ ·tɤʔ ɛ˩ˉ ·lə,　ɕy˩ ləˉ xɤˉ ·lə, so˩
天，　最　后　一　天　的　晏　上晚上，就　闹　孝　堂，所

y˩˥ ·tɤʔ tsๅ˩˥ sənˉ kʼiˉ paˉ, tsʼoŋ˩ xeiˉ ·tɤʔ tiʔˉ ɕiˉ ɛɤ˩˥ ·tsๅ、
有　的　子　孙　跪　拜，从　渠他　的　嫡　系　儿　子、

sənˉ ·tsๅ、 tsʼoŋ˩˥ sənˉ ·tsๅ, kãˉ tɕʼin˩ ke˩ iʔˉ koˉ iʔˉ koˉ
孙　子、　重　孙　子，那　亲　眷　一　个　一　个

·tɤʔ paˉ, iʔˉ paˉ toˉ sənˉ kənˉ pɛ˩˥ lɔˉ, ei˩˥ tɕiəˉ ləˉ xɤˉ
的　拜，一　拜　都　深　更　半　夜，这　叫　闹　孝

·lə. xɤˉ ·lə sɤʔˉ tɕiˉ ·lə ɕy˩ sๅˉ ɕiɤˉ ·lə, ɕiãˉ seiˉ
堂。孝　堂　实　际　上　就　是　孝　堂，现　在

tɕiəˉ ɕiɤˉ ·lə, kə˩ˇ tʼu˩ˇ vɔˉ ɕy˩ sๅˉ xɤˉ ·lə. tʼiˉ ŋ̩ˉ tɕiəˉ
叫　孝　堂，讲　土　话　就　是　孝　堂。第　二　朝

tɕʼi˩˥ tsɤ˩, iʔˉ tɕʼi˩ ta˩ pin˩ ləˉ ȵin˩ lɔˉ sə˩ sã˩,　soŋˉ təˉ
起　早，一　起　打　宾打理　老　人　家　上　山出丧，送　到

fən˩ tʼiˉ tɕʼiˉ. vɔ˩ˇ tɕʼiə˩ xaʔ˥ yˉ xo˩˥ ləˉ, xo˩˥ ləˉ seiˉ ɕiã˩˥
坟　地　去。往　常　还　有　和　尚，和　尚　在　前

ly˩ linˉ luˉ, soŋˉ eiˉ təˉ ɕiˉ tʼiãˉ tɕʼiˉ.（kənˉ ·tsei）tʼei˩
头　领　路，送　渠他　到　西　天　去。（跟　在）抬

kuɛ˩ ·zei ·tɤʔ, iʔ˥ pã˩ ·tɤʔ to˩ sʅ˩ sʅ˥ t'ei˩, xaʔ˥ y˥ tɕ'iʔ˥
棺　材　的，　一　般　的　都　是　四　抬，　还　有　七

t'ei˧˥ ·tɤʔ, xaʔ˥ y˥ sɤʔ˥ iʔ˥ t'ei˧˥ ·tɤʔ, kei˥˩ sʅ˩ kən˩ tɕy˥
抬　的，　还　有　十　一　抬　的，　那　是　根　据

kuɛ˩ ·zei ·tɤʔ t'o˩ ɕio˥, kən˩ tɕy˥ mo˥ t'i˥ ·tɤʔ iã˥ tɕ'in˥,
棺　材　的　大　小，　根　据　墓　地　的　远　近，

xoŋ˩ xoŋ˩ lia˥˩ lia˥˩ po˥ ·ei soŋ˥ tθ˥ mo˥ t'i˩. kən˩ tɕy˥ ts'ei˧˥
轰　轰　烈　烈　把　渠他　送　到　墓　地。　根　据　材棺材

tsɤʔ˥ kɔ˩ i˥ ɕy˥ tɕi˧˥ t'iã˩ tɕin˥ ɕin˧˥ vei˧˥ saʔ˥. sən˧˥ mɤʔ˥
出　家　以　后　几　天　进　行　回　煞。　什　么

tɕio˥ vei˧˥ saʔ˥ ·ɲiʔ ɕy˥ sʅ˩ kə˥ kei˥˩ ·tɤʔ vən˧˥ p'ɤʔ˥ kɔ˩
叫　回　煞　呢？　就　是　讲　渠他　的　魂　魄　家

·lei k'ã˥ xɔ˩ ·tsʅ, kɔ˩ ·lei xaʔ˥ iθ˥ tɕiaʔ˥, ɲiã˧˥ lei˧˥ k'uən˥˩
里　看　下　子，　家　里　还　要　接，　原　来　睏睡

·tɤʔ tɕ'io˥ ·tsʅ xaʔ˥ iθ˥ pa˥ po˥ ·ei k'ɛ˥. kei˥˩ to˩ sʅ˩ iʔ˥
的　场　子　还　要　摆　把　渠他　看。　那　都　是　一

tsoŋ˥ ko˥ ·tɕ'iə. tɕiaʔ˥ ·tɕ'iʔ ·tɤʔ sã˩ t'iã˥ sθ˩ fən˧˥, ei˧˥ ko˥
种　过　场。　接　着　的　三　天　上　坟，　这　个

tɕio˥ sã˥ tɕio˩ fən˧˥, tɕ'iʔ˥ t'iã˥ mɤ˩ ɲiaʔ˥, ei˧˥ ko˥ tɕio˥ mɤ˩
叫　三　朝　坟，　七　天　满　月，　这　个　叫　满

ɲiaʔ˥ fən˧˥, kei˥˩ ɕy˥ sʅ˩ vei˧˥ saʔ˥ iʔ˥ tɕiaʔ˥ y˥ mɤ˩ ɲiaʔ˥.
月　坟，　那　就　是　回　煞　一　接　又　满　月。

kã˩ ɕy˥ sʅ˩ iʔ˥ ko˥ lθ˩ ɲ'˧˥ ·kɔ sə˥ sʅ˩ tɕi˩ pən˥˩ ·tɤʔ ko˥
那　就　是　一　个　老　人　家　丧　事　基　本　的　过

ts'ən˧˥ ·lɤʔ.
程　了。

tsɔ˩ tɕi˥
查　济

tsɔ˩ ts'ən˧˥ sʅ˩ iʔ˥ ko˥ t'o˩ ·ko t'o˩ tɕ'iə˥ ·tsʅ. mə˥ lin˧˥ xei˧˥ ·lei tɕin˩
查　村　是　个　大　场　子。　茂　林　渠那　里　泾

˥ɔ˩ , tʻo˥ʔ˩ ·iã vɔ˧˥ iɔ˩ʔ˩ kʻo˩˥ i˧˩ kə˩˥ , ɕiə˩˥ ·ɕiə tɕin˩ ·iã tsˌnə˩ , tʻo˩
县　话　也　可　以　讲　，　小　小　泾　县　城　，　大

·tʻo mə˥ lin˩ tsˌnə˩. tsɔˌ tsˌnə˩ y˥ ·ko tsɔˌ pɛ˩ tʻiã˩ , xei˩
大　茂　林　村　。　查　村　有　个　爹扩张　半　天　，　渠那

·lei tɕi˧˩ sˌ˩ kən˩ kei˧˥ iə˩ ·tsˌ ·lɣ˩. tsˌoŋ˩ tsu˩ tsɿ˧ xɔˌ
里　气　势　更　那　样　子　了　。　从　祖　传　下

·lei xei˩ i˧ʔ˩ ko˩ y˧˥ i˧ʔ˩ ko˩ i˧ʔ˩ sˌ˩ tsu˩ , ɛ˩ sˌ˩ tsu˩ , tɕy˩
来　渠那　一　个　有　一　个　一　世　祖　、　二　世　祖　，　具

tʻi˩ ·tɣ˩ kʻə˩ tsən˩ tsˌoŋ˩ pˌu˩ kə˩ ·lə , xei˩ tsˌ˧ xɔˌ ·lei
体　的　考　证　从　谱　高　上上面　，　渠那　传　下　来

i˩ ɕy˩ sən˩ mɣ˩ tɕiə˩ i˧ʔ˩ kaʔ˩ 、 ɛ˩ kaʔ˩ 、 sã˩ kaʔ˩ , xei˩ to˩
以　后　什　么　叫　一　甲　、　二　甲　、　三　甲　，　渠那　都

sˌ˩ tʻi˩ tsu˩ tsˌ˧ xɔˌ ·lei ·tɣʔ fən˩ tsˌ˩ , i˧ʔ˩ tʻei˩ tsˌ˧ i˧ʔ˩
是　嫡　祖　传　下　来　的　分　支　，　一　代　传　一

tʻei˩. xaʔ˩ y˩ i˧ʔ˩ ko˩ xo˩ tso˩ ·tɣʔ kã˩ ·iə xə˩ , liə˧ piã˩ to˩
代　。　还　有　一　个　河　做　得　那　样　好　，　两　边　都

sˌ˩ i˧ʔ˩ iə˩ ·tɣʔ ȵin˩ ·ko. ɕi˩ ·iã kei˩ piã˩ sˌ˩ i˧ʔ˩
是　一　样　的　人　家　。　虽　然　那　边　是　一

·ko, kei˧˥ piã˩ sˌ˩ i˧ʔ˩ ·ko, to˩ sˌ˩ ɕin˩ tso˩ ·tɣʔ, kɣʔ˩ xo˩
个　，　那　边　是　一　个　，　都　是　姓　查　的　，　隔　河

liə˧ piã˩ to˩ sˌ˩ i˧ʔ˩ kɔˌ. tso˩ tɕi˩ i˧ʔ˩ ko˩ tsˌən˩ ·tsɿ, ȵin˩
两　边　都　是　一　家　。　查　济　一　个　村　子　，　人

tin˩ sˌ˧ ɕin˩ vɔ˧˥ ·tɣʔ. kei˧˥ sˌ˩ ɕy˩ y˩ i˧ʔ˩ ko˩ tsoŋ˩ ɕy˩
丁　是　兴　旺　的　。　那　时　候　有　一　个　钟　秀

mən˩, tsˌoŋ˩ kã˩ ko˩ tɕi˧ ȵin˩ ·kɔ i˧ʔ˩ tɕˌiʔ˩ tɕiaʔ˩ ·tɣʔ tə˩
门　，　从　那　过　去　人　家　一　直　接　得　到

tsɔˌ tsˌən˩. xaʔ˩ y˩ i˧ʔ˩ ·ko tin˩ sɔ˧˥ sã˩ , y˩ i˧ʔ˩ ·ko in˩ ·lei
查　村　。　还　有　一　个　顶　上　山　，　有　一　个　云　内

loŋ˩. kei˧˥ tɕˌiə˩ ·tsɿ y˧˥ ·ko tʻin˩ ·tɣʔ, xa˩ tsu˩ tə˩ sã˩
龙　。　那　场　子　有　个　亭　的亭子　还　走　到　山

·ɕiə, pˌɔ˩ sã˩ ·ɕiə, tɕiə˩ ·ko pˌin˩ lin˩ tʻoŋ˩. sɣʔ˩ tɕi˧ ·lə
上　，　爬　山　上　，　叫　个　平　岭　洞　。　实　际　上

ts'oŋ˥ ȵiã˥˩˥ ko˥˩ tɕ'i˩ tsən˥ ko˥ ·ɤʔ tsɔ˩ ts'ən˩ tsɔ˩ pɛ˥

从 这 过 去， 整 个 的 查 村 爹扩张半

t'iã˩˥ sɤ˥ li˥ tsɔ˩ ts'ən˩ tɕy˥ li˥ iã˩， iʔ˥ tiã˥ to˩ pɤ˥ çy˥ kə˥.

天， 十 里 查 村 九 里 烟， 一 点 都 不 虚 讲。

ts'oŋ˥˩˥ tsɔ˩ tɕi˩ ·ɤʔ tɕ'i˥˩˥ kən˥ fə˩ miã˩ lei˥ kə˥， y˥ ko˥

从 查 济 的 起 根 方 面 来 讲， 有 个

tsɔ˥ kuã˩ ·ɤʔ， xei˥ tɕiã˩ liə˥ ko˥ tɕy˥ kuã˩， iʔ˥ piã˩ sʅ˥ çiã˩

做 官 的， 渠他 兼 两 个 州 官， 一 边 是 宣

·zən， kei˥˩˥ piã˩ sʅ˥ ts'ʅ˥˩˥ tɕy˩. kei˥˩˥ sʅ˥˩˥ çy˥ mɔ˥ tɕ'i˥˩˥

城， 那 边 是 池 州。 那 时 候 有 汽

ts'ɔ˩， xei˥ y˥ sʅ˥˩˥ çy˥ p'u˥ ɕin˥， y˥ sʅ˥˩˥ çy˥ tɕ'i˥ mɔ˥. xei˥

车， 渠他 有 时 候 步 行， 有 时 候 骑 马。 渠他

tsoŋ˥ sʅ˥ iʔ˥ t'iə˥ lu˥˩˥ ·lə kã˩ ·iə tsu˥， ts'oŋ˥ çiã˩ ·zən tə˥

总 是 一 条 路 上 那 样 走， 从 宣 城 到

tɕ'in˥ iə˥， tsei˥ tə˥ ts'ʅ˥˩˥ tɕy˩. xei˥ iʔ˥ lu˥ p'ɔ˥ ·sə tɕ'i˥ ei˥˩˥

青 阳， 再 到 池 州。 渠他 一 路 爬 上 去 这

ko˥ tɕ'iə˥˩˥ ·tsʅ sʅ˥ k'ua˥ foŋ˩ ·çi pɵ˥˩˥ t'i˥， tsɛ˥ ·lei tsɛ˥

个 场 子 是 块 风 水 宝 地， 转 来 转

tɕ'i˥， tsɛ˥ ·lei tsɛ˥ tɕ'i˥， fã˩ sã˩ iaʔ˥ lin˥， fã˩ sã˩ iaʔ˥ lin˥，

去， 转 来 转 去， 翻 山 越 岭， 翻 山 越 岭，

xei˥ k'ɛ˥ iʔ˥ ko˥ tɕ'iə˥˩˥ ·tsʅ， xei˥ i˥˩˥ çy˥ çy˥ sʅ˥ kɵ˥ lə˥

渠他 看 一 个 场 子， 渠他 以 后 就 是 告 老

vɛ˥˩˥ çiə˥ ·ɤʔ sʅ˥˩˥ çy˥， xei˥ çy˥ çiã˥ iʔ˥ k'ua˥， ts'ɤ˥ t'i˥ lei˥

还 乡 的 时 候， 渠他 就 选 一 块， 择 地 来

faʔ˥ tsɛ˥. iʔ˥， xei˥ sʅ˥ kuɛ˩ sə˩， xei˥ tsɔ˥ kuɛ˩ ·ɤʔ， t'i˥ lɛ˥

发 展。 一， 渠他 是 官 商， 渠他 做 官 的， 第 二

ko˥， xei˥˩˥ tsɛ˥ ·lei i˥˩˥ çy˥， xei˥ fã˥˩˥ ·iã xei˥ ·lei tsʅ˥ sən˥

个， 渠他 转 来 以 后， 渠他 繁 衍 渠他 里 子 孙，

pɤ˥ k'ɔ˥ lən˥ ko˥ ·ko tsɔ˥ kuɛ˩. sɔ˥ ·i tsɔ˩ tɕi˥ ·ɤʔ faʔ˥

不 可 能 个 个 做 官。 所 以 查 济 的 发

tsɛ˥, k'ɔ˥˩˥ ·i liə˥ ko˥ fə˩ miã˩, t'i˥ iʔ˥ ko˥ sʅ˥ ti˥ tsu˩, t'i˥

展， 可 以 两 个 方 面， 第 一 个 是 地 租， 第

ɛ˥ ko˥ xaʔ˥ y˥ʌ tɕin˩ sə˩, xɵ˩ʌ to˩ ·ɤ˥ tsʅ˥ʄ sən˩ tsʻʅʔ˥ tɕi·˥
二　个　还　有　经　商，　好　多　的　子　孙　出　去

tɕin˩ sə˩, tɕin˩ sə˩ ·ɛ˩ tʅ˥ pɔ˩ʌ çiã˩ ta˥ tsɛ˩ʌ ·lei, lɔ˥ çiã˥
经　商，　经　商　的　把　钱　带　转　来，　拿　现

sei˥ lei˧ kə˩ʌ tɕiɵ˥ kʻei˥ fa˥˥, kei˥ʌ çiɔ˥ ·n˥ tɕiɵ˥ fa˥ kɔ˩.
在　来　讲　叫　开　发，　那　昨　日时候　叫　发　家。

xa˥ iʔ˥ ko˥ tsɔ˩ tɕi˥ ki˩ kən˩ tɕia˥ ti˩ sʅ˩ tɕiɵ˥ ioʔ˥, xei˧
还　一　个　查　济　归　根　结　底　是　教　育，渠他

ts·oŋ˥ʌ ·sʅ tɕiɵ˥ ioʔ˥. n˥ pi˩ kə˥ mei˩ ko˥ sʅ˩ʌ ·lə ·ɤʔ ·vɔ,
重　视　教　育。　你　比　讲　每　个　祠　堂　的　话，

sʅ˩ʌ ·lə ·ɤʔ çiã˧ lɔ˥ ·lei lei˩ʌ ·ɤʔʔ to˩ sʅ˩ tʻa˥ kɔ˩ ·lei
祠　堂　的　钱　哪　里　来　的？　都　是　大　家　里

koŋ˩ʌ tʻã˧ ·ɤʔ. kən˩ tɕy˥ tʻiã˩˥ m˥ to˩ çiɵ˩ çiã˧ tɕiɵ˩ʌ ·sə
公　摊　的。　根　据　田　亩　多　少　钱　交　上

tɕʻi·˥. i˥ʌ çy˥ pɔ˩ʌ ei˩ʌ ko˥ çiã˧ tʻi˩ ·ɔ ts·ɤʔ˥ ·lei i˥ çy˩, to˩
去。　以　后　把　这　个　钱　提　了　出　来　以　后，　多

çiɵ˩ çiã˧ pʻɔ˥ xɔ˥ lə˧. sɔ˩ i˥ tsɔ˩ tɕi˥ çin˩ vɔ˩ tɕi˧ ·lei
少　钱　办　学　堂学校。　所　以　查　济　兴　旺　起　来

ki˩ kən˩ tɕia˥ ti˩ y˩ liə˩ʌ ·ko, iʔ˥ ko˥ sʅ˩ tɕin˩ sə˩, tʻi˥ ɛ˩
归　根　结　底　有　两　个，　一　个　是　经　商，　第　二

ko˥ sʅ˩ tɕiɵ˥ ioʔ˥. tə˩ sʅ˧ sʅ˩ soʔ˥, kei˩ çin˩ ·ɤʔ sʅ˩ soʔ˥
个　是　教　育。　当　时　私　塾，　该　新　的　很　多　的　私　塾

çiã˩ sən˩, ts·u˥ ·lɤʔ sʅ˩ soʔ˥ i˥ çy˥ mã˩ mã˩ ·ɤʔ ko˥ tʻu˥
先　生，　除　了　私　塾　以　后　慢　慢　地　过　渡

tɵ˥ koŋ˩ xɔ˥ʔ, çy˥ kei˩ʌ iə˩ʌ ·tsʅ tsɔ˩ tɕi˥ çy˥ çin˩ vɔ˩ tɕi˩ʌ
到　公　学，　就　那　样　子　查　济　就　兴　旺　起

·lei ·lɤʔ. tsei˥ to˩ ·ɤʔ tɕin˥ sʅ˩ kuɛ˩ ·a, tɕy˩ʌ ·n̩in,
来　了。　最　多　的　进　士　官　啊，　举　人，

tsei˥ y˥ iʔ˥ ko˥ tʻei˩ʌ ·vɔ. iʔ˥ ·ko tʻi˥ ·vɔ ·ɤʔ çin˩ʌ sei˩ ki˩
再　有　一　个　代　皇。　一　个　地　方　的　兴　衰　归

kən˩ tɕia˥ ti˩ xaʔ˥ sʅ˩ kʻɤ˥ tɕiɵ˥ʌ ioʔ˥. sɔ˩ i˥ tsɔ˩ tɕi˥ çin˩
根　结　底　还　是　看　教　育。　所　以　查　济　兴

xaʔ˦ sʅ˧ ɕiŋ˩ sei˩ tɕiɵ˧˩ io˩ʔ kɵ˩ ˙ly. xei˦ m⊃˦ kei˧˩ iɤ˦
还 是 兴 在 教 育 高 头 上头。渠 他 冇 那 样

˙tɤʔ tɕiɵ˧˩ io˩ʔ, xei˦ pɤʔ˦ kʻo˙v⌣ lən˩ tsʻ˦ tɕi˧ tɕiŋ˩ ɕɛ˩ ˙cx˦
的 教 育, 渠 他 不 可 能 出 去 经 商 学

kua˩.　　so˙v⌣ iʔ˦ ko˧ fən˩
乖当学徒, 打杂。 所 以 查 济 也 是 徽 商 的 一 个 分

tsʅ˩ʅ, kʻo˙v⌣ i˩ kɵ⌣, tɕiv⌣ ɕi˧˩ n̠˩ ʅ sɤʔ˦ ɛ˧ sã˩ ɕi˧ ɕy˩ mɵ˩ ŋei˧
支, 可 以 讲, 几 岁 你 十 二 三 岁 就 往 外

iʔ˦ ty˩, tsʻɤʔ˦ tɕʻi˦v⌣ tɕiŋ˩ sɵ˩ ˙lɤʔ. tã˦ sʅ˩ xei˦ y˧ iʔ˦ ko˧ tɕi˩
一 丢, 出 去 经 商 了。 但 是 渠 他 有 一 个 基

pən⌣ vən˦ fɔ˧, sən⌣ mɤ⌣ʔ vən˦ fɔ˧ ˙n̠iʔ xei˦ sʅ˩ sʅ˩ soʔ˦ʅ,
本 文 化, 什 么 文 化 呢? 渠 那 是 私 塾,

ɛ˩, n̠iã˩ su˩, n̠iã˩ pɤʔ˦ kɔ⌣ ɕin˩, n̠iã˩ ɕiʔ˦ sʅ˦ ɕiã⌣˩ vən˦,
哎, 念 书, 念 百 家 姓, 念 昔 时 贤 文,

tʻoʔ˦ tso˙v⌣ tsʻɛ⌣ʅ, tʻoʔ˦ lən⌣˩ n̠˩ʅ, kei˧˩ iɤ˦ ˙tsʅ xei˦ y˧ iʔ˦ tʻin˩
读 左 传, 读 论 语, 那 样 子 渠 他 有 一 定

˙tɤʔ xⅽ˩ʔ vən˦, tsʻɛ˧ tsʻɤʔ˦ tɕʻi˦ xⅽ˩ʔ kua˦ tɕin˩ sɵ˩, p⊃v⌣ ɕiã˦
的 学 问, 才 出 去 学 乖 经 商, 把 钱

la˦ tsɛ⌣v⌣ ˙lei, y˧ lei˦ pʻɛ˩ʅ tɕiɵ˧˩ io˩ʔ, xei˦ iʔ˦ ko˧ ɕin˦ vã˦
拿 转 来 回来, 又 来 办 教 育, 渠 那 一 个 循 环

sʅ˩ʅ iʔ˦ ko˧ tsən˧ tsʻɵ˦ ˙tɤʔ ɕin˦ vã˦. so˙v⌣ i˩ kei˧˩ sʅ⌣˦ ɕy˧
是 一 个 正 常 的 循 环。 所 以 那 时 候

tsei˧ ɕin˩ ˙tɤʔ sʅ⌣˦ ɕy˧ iʔ˦ paʔ˦ lin⌣ paʔ˦ so˙v⌣ sʅ⌣˦ lə⌣, iʔ˧
最 兴 的 时 候 一 百 零 八 所 祠 堂, 一

paʔ˦ lin⌣ paʔ˦ so⌣ tɕʻiɵ˩, tɕʻⅽiʔ˦ sɤʔ˦ sʅ˩ kei˧˩ iɤ˦ ˙tɤʔ sʅ˩
百 零 八 座 桥, 确 实 是 那 样 的 事

˙tɕʻin. tso⌣ tɕi˧ ɕin⌣ və⌣ ˙tɤʔ sʅ˦ ˙ɕy, tin⌣ ɕin⌣ ˙tɤʔ sʅ˦ ˙ɕy
情。 查 济 兴 旺 的 时 候, 顶 兴 的 时 候

in˧ kei⌣ kʻo⌣v⌣ i˩ sɤʔ˦ tɕi˦v⌣ vã⌣ ˙n̠in˦. n̠˩ʅ ɕiã˧ sei˩ kʻɛ˩v⌣ tiã⌣v⌣ sən˦
应 该 可 以 说 几 万 人。 你 现 在 看 点 什

mɤ⌣ʔ toŋ⌣ ˙ɕi, ɕi˩˩ iã˦ sʅ˩ʅ ɕiã˦ tʻei˩ ˙tɤʔ tɕiã˧ tsoʔ˦, tã˧
么 东 西, 虽 然 是 现 代 的 建 筑, 但

sʅ˥ n̩˥ tsən˩ tsən˥ tɕi˥ kɜ˥ tsʻei˥ iã˨ tʻi˥ ·lei tɤʔ kei˧˥ ·ɕi

是　你　真　正　去　看　菜　园　地　里　的　那　些

tsʻã˨ iã˨ kei˧˥ ·ɕi lə˩ ɕiə˧˥ tɕiʔ˥ ，xei˨ ɕɣ˥ sʅ˥ tsɔ˩ tɕi˥ ·tɤʔ

残　垣　那　些　老　墙　脚，　渠　他　就　是　查　济　的

xən˨ tɕiʔ˥，tsɔ˩ tɕi˥ ·tɤʔ lei˨ loŋ˨ faʔ˥ tsɜ˩. so˩ sʅ˥ tsɔ˩ tɕi˥

痕　迹，　查　济　的　来　龙，　发　展。　所　以　查　济

iʔ˥ kɔ˥ tsʻən˩ ·tsʅ n̩i˩, tɕʻiʔ˥tɕʻiʔ˥ sɤʔ˥ sʅ˥ tsu˩ tsoŋ˩ tsʻɜ˩. so˥ lei˨

一　个　村　子　呢，　确　实　是　祖　宗　传　下　来

·tɤʔ iʔ˥ kʻuɑ˥ tɕʻiə˧˥ ·tsʅ, iʔ˥ kɔ˥ foŋ˩ ɕi˩ pɤ˩ tʻi˥, sʅ˥

的　一　块　场　子，　一　个　风　水　宝　地，　是

pɤʔ˥ ioŋ˧˥ i˥ ·tɤʔ.

不　容　易　的。

ŋɑ˧˥ ·lei xaʔ˥ ·sʅ iʔ˥ kɔ˩, xoŋ˧˥ ·koŋ sʅ˩˥ ·lə tɤʔ

我　里我们　还　是　一　家，　洪　公　祠　堂　的

fən˨˩ tsʅ˩, tsʻoŋ˨ iʔ˥ kaʔ˥ tə˥ n̩˩˥ kaʔ˥ sã˨ kaʔ˥ sʅ˩ kaʔ˥ oŋ˩˥

分　支，　从　一　甲　到　二　甲　三　甲　四　甲　五

kaʔ˥ loʔ˥ kaʔ˥ tɕʻiʔ˥ kaʔ˥ paʔ˥ kaʔ˥, mɔ˨ tɕyʌ˥ kaʔ˥. xei˨ sɤʔ˥

甲　六　甲　七　甲　八　甲，　冇　九　甲。　渠　他　说

tɕi˨ ·lei to˩ sʅ˥ tʻu˨ lə˧˥ ti˩　　xɔ˩˥ ·lei tɤʔ fən˨˩

起　来　都　是　图　老　參查图源,先祖　下　来　的　分

tsʅ˩. kɔ˥ tɕʻiʔ˥ iʔ˥ kɔ˥ i˥ tɤʔ tsʅ˥, xaʔ˥ y˥ iʔ˥ kɔ˥ i˥ li˩ tsʅ˥,

支。　过　去　一　个　以　德　治，　还　有　一　个　以　礼　治，

xɔ˥ vən˨ sən˩ tɤʔ xən˩. xei˨ ia˨ y˥ sən˨ mɤʔ˥ tɕiə˧˥ ·lə

学　问　深　得　很。　渠　他　也　有　什　么　强　盗

tʻu˥ fi˨ ·a sən˨ mɤʔ˥ ·tɤʔ, xən˧˥ ɕiɤ˩ tə˥ pɤʔ˥ kã˩ tə˥ tsɔ˩

土　匪　啊　什　么　的，　很　少　到　不　敢　到　查

tɕi˥ tɕʻi˥. tə˩ sʅ˨ pɤʔ˥ ia˨ y˥ tɕʻiə˧˥ ·lə ia˨ y˥ tʻu˥ fi˨

济　去。　当　时　不　也　有　强　盗　也　有　土　匪

·mɤʔ? ɛɜ˩, xei˨ tsʅ˥ kɔ˩ tsʅ˥ ·tɤʔ xɤ˨, xei˨ tei˥ lei˥ tei˥ tsʻən˩

么？　哎，　渠　他　治　家　治　得　好，　渠　他　对　内　对　村

min˨ tei˥ kɔ˩ tin˩ tei˥ tsɔ˩ ·sʅ tɤʔ tsʅ˧˥ sən˨ i˥ iʔ˥ tsoŋ˧˥

民　对　家　丁　对　查　氏　的　子　孙　以　一　种

tʰə˥ tɤʔ˥ kuɛ˩ li˥, kuɛ˩ li˥ tɤʔ˥ xɵ˩ ·tɤʔ xən˩. tei˥ ŋei˥
道　德　管　理，　管　理　得　好　得　很。对　外

xaˌ tʰɜˊ tɕiaʔ˥ ·tɤʔ xən˩. tɕʰiəˌ ·lə tsɿˌ iəˊ tɕʰiˊ ·tɤ tsɔ
还　团　结　得　很。　强　盗　只　要　进　了　查

tɕiˊ tsʰən˩ ɕy˥ pɤʔ˥ tɤʔ˥ tsʰɤ˩ ·lei. kei˩ ɕy˥ sɿˊ iˊ tsoŋ˩ kɔ
济　村　就　不　得　出　来。　那　就　是　一　种　家

faʔ˥, ɕy˥ pɔˌ xeiˌ tʰə˩ ·lə, ɕy˥ pʰəˌ pɤʔ˥ tiəˊ, iˊ ɕy˥ xeiˌ
法，　就　把　渠他　吞　了，　就　跑　不　掉，　以　后　渠他

iaˌ pɤʔ˥ kã˩ tɕʰiˊ ·ɔ.
也　不　敢　去　了。

　　　tsɔˌ tɕiˊ ·tɤʔ ·kɤʔ ɕiˌ tsʰuˊ liˊ ·tɤʔ ɕeiˌ təˌ ·tɤʔ xɵ˩.
　　　查　济　的　个　水　处　理　的　相　当　的　好。

tʰaˌ y˥ sãˌ tɕʰiˊ, ɕiãˌ seiˊ kʰeiˌ ·tɤʔ iˊ tʰiəˌ xoˌ, ɕy˩ ·ly
它　有　三　溪，　现　在　开　的　一　条　河，　后　头

xaʔ˥ y˥ iˊ tʰiəˌ xoˌ, təˊ kei˩ piãˌ xaʔ˥ y˥ iˊ tʰiəˌ xoˌ. xeiˌ
还　有　一　条　河，　到　那　边　还　有　一　条　河。渠他

sãˌ tɕʰiˊ veiˊ tsoŋ˩, tã˥ sɿˊ n̩ təˊ meiˊ iˊ kɔˊ sɿˊ˩
三　溪　汇　总，　但　是　你　到　每　一　个　祠　堂

tɕʰiˊ kʰɜˊ, seiˊ tʰiãˌ ·lə viˊ lɔˊ ·tɤʔ tseiˊ sən˩ ·tɤ tʰoˊ, xeiˌ
去　看，　在　天　上　雨　落　得　再　怎　个　大，　渠他

tʰiãˌ ·tɕin moˌ ɕiˌ. xeiˌ xɔˊ ɕiˌ tʰəˊ seiˊ lɔˊ ·liˊ n̩iʔ? pɤʔ˥
天　井　有　水。渠他　下　水　道　在　哪　里　呢？　不

sɿˊ tʰiˊ tiˌ ·lei ·mɤʔ? n̩ ɕiãˊ seiˊ kɵˌ iʔ˥ kɵˌ　　　tsʰən˩
是　地　底　里　么？　你　现　在　搞　一　搞动不动,经常　城

·sɿ toˌ ãˌ ·lə, pɤʔ˥ tɕinˊ toˌ ãˌ ·lə, kei˩ lɔˊ ɕiˌ tʰəˊ xoˌ
市　都　淹　了，　北　京　都　淹　了，　那　下　水　道　和

tsɔˌ tɕiˊ sɿˊ moˌ pʰãˊ faʔ˥ piˌ n̩ˊ ·tɤʔ. xeiˌ y˥ liəˌ kɔˊ
查　济　是　有　办　法　比　拟　的。渠他　有　两　个

xɵ˩ tsʰuˊ, tʰiˊ iʔ˥ kɔˊ, xeiˌ sənˊ sãˊ sɿˊ ɜˊ tsoˊ. tsoˊ vɤʔ˥
好　处，　第　一　个，　渠他　顺　山　势　而　做。　做　屋

pʰuˊ pʰuˊ kɵˌ, sənˊ fãˌ kɵˌ ·lə kɵˌ, tiˌ ·lə tiˌ, sənˊ sɿˊ
步　步　高，　顺　反　高　上　高，　底　上　低，　顺　势

ɛˊ˥ xɔ˥. t'i˥ ɛ˥ ko˥, xei˨ mei˨ ko˥ tɕiã˥ tso˩˥ li˥ ·və y˥ in˥
而　下。　第　二　个，　渠　他　每　个　建　筑　里　方　有　阴

t'θ˥. xei˨ ·tɤʔ ky˩ t'θ˥ ts'o˥ tsoŋ˩ fɤ˩ʔ ts'a˩ʔ ·tɤʔ. tsən˨ tɕin˩
道。　渠　他　的　沟　道　错　综　复　杂　的。　曾　经

y˥ ko˥ tsɛ˩ iə kə˨ ko˥, kei˨˥ ko˥ ky˥ li˥ ·və to˩ ɕiə˨ k'uɛ˥,
有　个　砖　匠　讲　过，　那　个　沟　里　方　多　少　宽，

xei˨ və˨˥ ·ɲiã tsɛ˩ ·mən p'ei˨ iə˥ iʔ tsoŋ˨˥ u˩ ki˥, p'ei˨
渠　他　往　年　专　门　培　养　一　种　乌　龟，　培

iə˥ u˩ ki˥ ·tɤʔ su˩ t'oŋ˥ kuɛ˨˥ t'θ˥. ei˨˥ ·ɕi u˩ ki˥ to˩ t'in˥
养　乌　龟　的　疏　通　管　道。　这　些　乌　龟　都　听

vɔ˥ ·tɤʔ xən˨, xei˨ tən˥ ·ɕ li˥˥ ·və p'ã˨. ɲ˥ tθ˥ lɔ˥ ko˥ sˋ˨˥
话　的　很，　渠　他　蹲　了　里　方　盘爬。　你　到　哪　个　祠

·lə lei, sˋ˨˥ ·lə ·lei kən˩ pən˨ pɤʔ vei˥ ã˩ ɕi˨ ·tɤʔ.
堂　里，　祠　堂　里　根　本　不　会　淹　水　的。

t'o˥ kɔ˥ ɲin˨˥ kɔ˥ to˩ pɤʔ vei˥ ã˩ ɕi˨. iʔ tsoŋ˨˥ tɕiã˥ tso˩ʔ
大　家　人　家　都　不　会　淹　水。　一　种　建　筑

y˥ liʔ˥ sˋ˨˥ ts'ɛ˨˥ t'ei˥ kɔ˥ tɕ'iʔ˥. ɲ˥ ɕiã˥ sei˥ iʔ˥ ko˥ iʔ˥ ko˥
有　历　史　传　代　价　值。　你　现　在　一　个　一　个

ts'ən˨˥ sˋ˥ lei˥ lə˥, tsɔ˥ tɕi˥ ei˨˥ tiã˨ pɤʔ t'oŋ˨. tã˥ sˋ˥ t'ɤʔ˥
城　市　内　涝，　查　济　这　点　不　同。　但　是　突

y˥ tɕi˨ lei˨ ·tɤʔ xoŋ˨ ·ɕi ɲ˥ mɔ˨ p'ɛ˨ faʔ˥ ɕiə˨. ɲ˥ pi˨ y˥
如　其　来　的　洪　水　你　冇　办　法　想。　你　比　如

tsɔ˩ tɕi˥ ɕiã˨ sã˩ ɲiã˨ sɔ˩ pɔ˨ xo˨ t'iã˨ p'in˨ ·ɔ. ei˨˥ ·ko sˋ˥
查　济　前　三　年　沙　把　河　填　平　了。　这　个　是

lɔ˥ ·lei lei˨˥ ·tɤʔ ɕi˨ ·ɲiʔ? ei˨˥ ɕi˨ t'u˨ ly˨ sɤ˥ʔ, və˨
哪　里　来　的　水　呢？　这　水　土　流　失，　往

tɕ'iə˨ sã˩ ·lə pɤʔ tsən˨˥ k'ã˨ ·ɛ, ei˨˥ ɕia˨ pɔ˨ xei˨ k'ã˨ ·ɔ,
常　山　上　不　准　砍　唉，　这　歇　把　渠它　砍　了，

pɤʔ ɕy˨˥ pɔʔ˥ ·ɔ p'i˨˥ ·tɤʔ ·mən? kei˥˥ ko˥ ɕi˨ iʔ˥ xɔ˥˥
不　就　剥　了　皮　了　么？　那　个　水　一　下

·lei ɕy˨˥ xã˨˥ pɤʔ˥ ts'u˥, ɕi˨ ta˥ sɔ˩ ·tsˋ, kei˥˥ iə˨˥ ·tsˋ ɕy˥
来　就　含　不　住，　水　带　沙　子，　那　样　子　就

sã˩ xoŋ˥ pɵ˥ fa˦˥ ·lɤʔ. ei˩˩˩ ko˥ ki˩ kən˩ tɕiaʔ˥ ti˩ xa˥ sˠ˥
山　洪　暴　发　了。　这　个　归　根　结　底　还　是

sã˩ lin˥ p'o˥ va˩, sã˩ lin˥ mo˦˥ ɕin˩　　　tɤʔ˥ xɵ˩.
山　林　破　坏，　山　林　没　兴生长、兴旺　的　好。

ã˥˩˩ koŋ˩ lɵ˥ ·i
晏 公 老 爷

pi˩ tɕiɵ˥ t'o˥ tɤʔ p'u˩˩˩ saʔ˥ tɕiɵ˥ ã˥˩˩ koŋ˩ lɵ˥ ·i. xei˥
比　较　大　的　菩　萨　叫　晏　公　老　爷。渠他

iʔ˥ pɛ˩ sˠ˥ iʔ˥ ko˥ mo˥ tiɵ˥ ·tɤʔ, mei˥ n̠iã˥ in˩ li˥ sˠʔ˥
一　般　是　一　个　木　雕　的，　每　年　阴　历　十

n̠iaʔ˥ ·lei ɕi˩ foŋ˩ ɕy˩ tɕ'in˥ t'a˩˩˩ ·vin ·tɤʔ n̠iaʔ˥ ·tsɿ. ɕiã˥ sã˩
月　里　喜　丰　收　庆　太　平　的　日　子。　前　三

t'iã˩ po˩ ã˥˩˩ koŋ˩ lɵ˥ ·i tɕ'in˩ ts'ɤʔ˥ koʔ˥, ɕi˩˩˩ tsɵ˩, vɛ˥
天　把　晏　公　老　爷　请　出　阁，　洗　澡，　换

ɕin˩ loŋ˩˥ p'ɵ˩, ta˥ ɕin˩ kuɛ˩ mɵ˥, so˥ sei˥ sɿ˩˩˩ ·lɵ t'a˩ t'in˩
新　龙　袍，　戴　新　官　帽，　坐　在　祠　堂　大　厅

tsoŋ˩ kã˩, ɕiã˥ t'ei˩ koŋ˥ ·sə tɕi˥ p'in˩, fən˥ ɕiɵ˩ k'i˥ pa˥
中　间，　前　台　供　上　祭　品，　焚　香　跪　拜

liɵ˥ sã˩ t'iã˩, ts'ɤʔ˥ vei˩ k'ei˩ sɿ˩˩˩ ·lɤʔ. ɕiã˩˩˩ ·ly y˥ lin˩ lu˩
两　三　天，　出　会　开　始　了。　前　头　有　领　路

xo˩˩˩ ·lə, tiã˩ ·c tən˩ ·loŋ min˥ lo˩ k'ei˥ t'ɵ˥ lo˩ ku˩ ɕiã˩
和　尚，　点　了　灯　笼　鸣　锣　开　道　锣　鼓　喧

t'iã˩, tsoŋ˩ kã˩ sɿ˩ ta˥ miã˩ p'u˩ ts'˥ loŋ˥ p'ɵ˥ ·tɤʔ koʔ˥ lu˩
天，　中　间　是　戴　面　谱　穿　龙　袍　的　各　路

p'u˩˩˩ sa˥, y˥ sei˩˩˩ ·zən p'u˩˩˩ saʔ˥、tɕin˩ kə˩ p'u˩˩˩ saʔ˥ tən˩˩˩
菩　萨，　有　财　神　菩　萨、　金　刚　菩　萨　等

tən˩, vi˩ foŋ˩ lin˥ lin˥ saʔ˥ tɕ'i˩ t'ən˩, ã˥˩˩ koŋ˩ lɵ˥ ·i
等，　威　风　凛　凛　杀　气　腾　腾，　晏　公　老　爷

so˥ sei˥ sɿ˩ n̠in˥ t'a˩ tɕ'iɵ˩ kɵ˥ ·ly, ŋã˥ tɕin˩ mɵ˩ tɵ˥ iã˩˥
坐　在　四　人　大　轿　高　头上头，　眼　睛　望　到　远

tsʻuˉ, kən˩ ɕyˈ˥ ·ly ·tʻɤʔ ʂʅˈ˦ tʻ·iˉ fə˩ kuɛˈ˥ʮˉ ʂʅˈ˥ ·tʻɤʔ, lɛˈ˥˩
处　　跟　　后　　头　　的　　是　　地　　方　　管　　事　　的，　男

n̩ˉˌ ləˉ ɕieˌ. tʻiãˉ koŋ˩ xɤˌ, xɤˈ˥ tɕiˈʮˉ pɤʔˈˉ n̩inˈˉ səˉ luˉ,
女　老　少。　天公天气 好，　好　几　百　人　上　路，

n̩iaʔˉ ləˉ ·tʻɤʔ xɤxˌ. tsʻɤʔˈˉ veiˉ ɕiãˉ ʂʅˉ pənˉ tsʻənˉ tsʻˈ˥ mənˈˉ
热　闹　的　很。　出　会　先　是　本　村　串　门

tsuˌ xɔˉ, tseiˉ ʂʅˉ tʻɛˉ tɕʻinˉ ·tʻɤʔ tsʻənˉ ·tsʅ tɕinˉ ɕinˉ tsʻˈ˥
走　巷，　再　是　断近附近 的　村　子　进　行　串

mənˈˉ. tsʻɤʔˈˉ veiˉ ·tʻɤʔ tʻoŋˈˉ ʂʅˉ xaʔˉ seiˉ ʂʅˈ˥ ·lə leiˉ ·tʻɤʔ kuˌ
门。　出　会　的　同　时　还　在　祠　堂　内　的　古

ɕiˉ tʻeiˌ tɕiaʔˉ ɕiˉ pãˉ ·tsʅ tsʻˈɤˉ veiˉ ɕiˉ pɔˌ ləˉ pɤʔˉ ɕinˉ
戏　台　接　戏　班　子　唱　会　戏　把　老　百　姓

kʻɛˉ. tsʻɤʔˈˉ veiˉ、 tsʻˈɤˉ veiˉ ɕiˉ toˉ ʂʅˉ ɕiɤˌ koˉ tʻaˈ˥ ·vin n̩iʔˉ
看。　出　会、　唱　会　戏　都　是　想　过　太　平　日

·tsʅ. xãˌ n̩inˈ˥ kɔˉ tsoˉ xɤˌ ʂʅˉ pɤʔˈˉ tsoˉ vaˉ ʂʅˉ. tsənˌ koˉ
子，　喊叫　人　家　做　好　事　不　做　坏　事。　整　个

tɕiʔˈˉ tʻiãˉ tɕʻiˈˉ iɛˉ, tsənˌ koˉ ɕyˈ˥ ŋɛˉ tʻiˉ fəˌ n̩iaʔˉ ləˈ˥
七　天　七　夜，　整　个　厚　岸　地　方　热　闹

·tʻɤʔ xɤˌ, kʻeiˉ tiãˈˉ ·tʻɤʔ iaˈ˥ tsʻˈɤˉ c·ˉ ŋɛˉ ·i. ɤʔˈˉ tɕiˉˉ
的　很，　开　店　的　也　出　了　生　意。　实　际

·lə iaˉ ʂʅˉ tʻiˉ fəˉ tʻɤʔˉ tsʅˉ tsʻənˉ ·tsʅ tsʻuˉ cʔˉ iɤˌ ɛˉ ·tʻɤʔ
上　也　是　地　方　德　治　村　子　除　恶　扬　善　的

minˉ kãˉ foŋˉ soʔˉ ɕiˉ kuãˉ, seiˉ təˉ ʂʅˉ yˉ iʔˉ tʻinˉ ·tʻɤʔ
民　间　风　俗　习　惯，　在　当　时　有　一　定　的

ɕieˉ koˌ.
效　果。

tɕinˉ n̩iaʔˉ uˉ loŋˈ˥ tənˉ

正　月　舞　龙　灯

tɕinˉ n̩iaʔˉ uˉ loŋˈ˥ tənˉ iaˉ ʂʅˉ tʻiˉ fəˉ ·tʻɤʔ minˈ˥ kãˉ
正　月　舞　龙　灯　也　是　地　方　的　民　间

foŋ˩ soʔ˥ tsˈɛ˩ tˈoŋʋ. sɤˀ˥ ȵiaʔ˥ tsˀɤˀ˥ vei˩ sˌ˥ tɕin˦ foŋ˩ ɕy˩
风　俗　传　统。十　月　出　会　是　庆　丰　收

tɕin˦ tˈa˥˩ ·vin, xo˩ tɕin˩ ȵiaʔ˥ u˩ loŋ˦ sˌ˥ ɕiə˦ tei˦ ·tɤʔ. iʔ˥
庆　太　平，和　正　月　舞　龙　是　相　对　的。一

ko˦ sˌ˥ ɕiə˩ pã˦ ȵiã˦, iʔ˥ ko˦ sˌ˥ xɔ˥˩ pã˦ ȵiã˦. u˩ loŋʋ˩
个　是　上　半　年，一　个　是　下　半　年。舞　龙

təŋ˩ sˌ˥ tso˥˩ sˌ˥ foŋ˩ ȵiã˦, ȵin˦ tin˩ ɕin˩ vəˀ˩, faʔ˥ kɔ˩ faʔ˥
灯　是　兆　示　丰　年，人　丁　兴　旺，发　家　发

sei˦, ɕin˩ vəˀ˩ faʔ˥ taʔ˥.
财，兴　旺　发　达。

tˈi˦ iʔ˥ pˈu˥ sˌ˥ tsən˩ pˈi˦ koŋ˩ tsaʔ˥, y˥ tsaʔ˥ loŋ˦, y˥
　　第　一　步　是　准　备　工　作，有　扎　龙，有

pˈi˦ ·tsˌ pei˦ loŋ˦. tɕin˦ ȵin˦ vɔ˥ loŋ˦ tsei˩ tsˈoŋ˥ iə˦ ·tɤʔ sˌ˥
皮　子　褙糊　龙。请　人　画　龙　最　重　要　的　是

kɔʔ˥ loŋ˦ tˈy˦ kə˩ ·ly vɔ˥ loŋ˦ tiã˥˩ tɕin˩. ɕiã˩ xɵ˩ ȵiʔ˥
搁　龙　头　高　头上头　画　龙　点　睛。选　好　日

·tsˌ, tɕin˩ tɤʔ˦ kə˩ vəˀ˩ tsˈoŋ˦ ·tɤʔ ȵin˦ lei˦ kˈei˩ʋ kuə˩, ɕy˩
子，请　德　高　望　重　的　人　来　开　光，就

sˌ˥ tˈi˦ piʔ˥ sei˦ loŋ˦ ŋã˩ tsu˩ ·tsˌ kə˩ ·ly ky˩ iʔ˥ piʔ˥,
是　提　笔　在　龙　眼　珠　子　高　头上头　勾　一　笔，

ŋã˩ tɕin˩ ɕy˥ sən˩ʋ kuə˩ ·lɤʔ. iʔ˥ pã˩ ·tɤʔ loŋ˦ y˥ ɛ˩ sɤʔ˥
眼　睛　就　生　光　了。一　般　的　龙　有　二　十

iʔ˥ pã˥˩ʋ, ɛ˩ sɤʔ˥ tɕˈiʔ˥ pã˥˩ʋ, sã˩ sɤʔ˥ iʔ˥ pã˥˩ʋ, iʔ˥ pã˥˩ʋ ti˥
一　板，二　十　七　板，三　十　一　板，一　板　底

·lə iʔ˥ ko˦ ȵin˦ tˈo˦, loŋ˦ tˈy˦ y˥ sã˩ tə˦ oŋ˥ʋ ko˦ ȵin˦ tˈo˦,
上　一　个　人　驮，龙　头　有　三　到　五　个　人　驮，

kei˦ʋ to˩ sˌ˥ tɕˈin˩ tsə˦ ȵiã˦, tei˦ u˩ tsən˦ ioŋ˩ xən˥ʋ tˈo˦,
那　都　是　青　壮　年，队　伍　阵　容　很　大，

xaʔ˥ y˥ n̩˦ təŋ˩, fu˩ tˈy˦ təŋ˩, vəˀ˩ʋ loŋ˦ sã˩ piã˩ təŋ˩, in˥ʋ
还　有　鱼　灯，虎　头　灯，黄　龙　伞　边　灯，引

təŋ˩ tsoŋ˥ kˈoŋ˩ tɕi˩ sɤʔ˥ ko˦. tsei˦ kɔ˩ ·sə liə˩ pã˩ lo˦ʋ ku˩
灯　总　共　几　十　个。再　加　上　两　班　锣　鼓

soɣl̩ ·laʔ, tsoŋ kʻoŋ iʔ pɣʔ to ȵin sə lu. tɕin ȵiaʔ sã
唢　呐，　总　共　一　百　多　人　上　路。　正　月　三

tʻiã ȵiã koʔ ɕy, tsʻu sl̩, tsʻu oŋ, tsʻu loʔ, tsʻu tɕʻiʔ,
天　年　过　后，　初　四，　初　五，　初　六，　初　七，

y sl̩ ɕy vã tə tɕin ȵiaʔ pɛ. tsʻu tɕʻiʔ y tɕie ɕie sə
有　时　候　玩　到　正　月　半。　初　七　又　叫　上

tɕʻiʔ, y tɕie ɕie ȵiã. tɕin ȵiaʔ pɛ ɕy sl̩ ȵiã ɕie
七，　又　叫　小　年。　正　月　半　就　是　元　宵

tɕiaʔ. loŋ tən ɕy sl̩ iã tən.
节。　龙　灯　就　是　圆　灯。

tsʻɣʔ loŋ ɕy ɕiã xɔ tʻiaʔ, sɣʔ me ȵiã me sl̩
出　龙　首　先　下　贴，　说　某　年　某　时

loŋ tən tsʻə ki fu. tsʻɣʔ loŋ y koʔ ki ·tɕy, tsʻɣʔ sə
龙　灯　造　贵　府。　出　龙　有　个　规　矩，　出　上

ɕi loŋ li tsən sə y, pʻu pʻu kə sən. tʻo tsʻən ·tsl̩
水　龙　力　争　上　游，　步　步　高　升。　大　村　子

tsʻoŋ tʻɣ xɣ tɕi pən ·sə u tə tʻiã liə tɕi tɕie, tən
从　断　黑傍晚　基　本　上　舞　到　天　亮　鸡　叫，　灯

xo fi fə, lo ku ɕiã tʻiã, pʻə tsoʔ liã tʻiã, ȵiaʔ lə
火　辉　煌，　锣　鼓　喧　天，　炮　竹　连　天，　热　闹

fi fã. tsʻɣʔ vɛ pən tsʻən, tsei tə tʻɣ tɕʻin tsʻən ·tsl̩
非　凡。　出　完　本　村，　再　到　断　近附近　村　子

u loŋ tən. tsʻɣʔ loŋ sl̩ xən ȵiaʔ lə ·tɣʔ, u loŋ
舞　龙　灯。　出　龙　是　很　热　闹　的，　舞　龙

·tɣʔ ȵin sən loŋ vɣʔ fu, ɕy xən kə, tɕʻi la ·pɔ
的　人　生　龙　活　虎，　手　艺　很　高，　吹　喇　叭

ta lo ku, tɕin tɕin y tʻie, ɕy n̩ fi fã. kʻɣ loŋ
打　锣　鼓，　井　井　有　条，　手　艺　非　凡。　看　龙

·tɣʔ ȵin pən tsu ɕie kə, ɕi ɕie iə ·iə. tɕiaʔ loŋ
的　人　奔　走　相　告，　喜　笑　洋　洋。　接　龙

·tɣʔ ȵin kɔ tən loŋ tiã ·tʻaʔ men kʻy, xo pʻə liã
的　人　家　灯　笼　点　着　大　门　口，　火　炮　连

t'iã˩. loŋ˥ t'y˥ i˩ tə˥ t'a˩ mən˥ k'y˩, xei˥ kɔ˩ tsu˧ ·ŋin çy˥

天。　龙　头　一　到　大　门　口，　渠　他　家　主　人　就

sə˩ çy˥ tsɔʔ˩ i˩ k'y˥ pa˩, tɕ'i˥ fɤʔ˩ tɕ'i˥ sei˥ tɕ'i˥ p'in˥ ɛ˩,

双　手　作　揖　叩　拜，　祈　福　祈　财　祈　平　安，

çiə˩ t'i˥ in˥ tən˩ ·tɤʔ ia˥ çy˥ sʅ˩ loŋ˥ tən˩ t'y˥, kiã˩ tsən˥

向　提　引　灯　的，　也　就　是　龙　灯　头，　捐　赠

xoŋ˥ pə˩ xo˥ vã˥ sʅ˩ kə˩ tən˥ li˩ p'in˥, sə˩ fə˩ u˩ tsɔʔ˩ faʔ˩

红　包　和　万　事　糕　等　礼　品，　双　方　互　祝　发

sei˥ ɛ˩ k'ə˥. loŋ˥ tən˩ çiã˩ tɕin˥ i˩ tsu˧ ŋin˥ kɔ˩ t'ə˥ iã˥,

财　安　康。　龙　灯　先　进　入　主　人　家　堂　院院子，

ȵiə˥ i˩ k'ɛ˩ tsei˥ ts'ɤʔ˩ lei˥, sei˥ t'a˩ mən˥ k'y˩ kuə˧ tɕ'iə˥

绕　一　圈　再　出　来，　在　大　门　口　广　场

t'a˥ u˩ loŋ˥ tən˩, lo˥ sʅ˩ çiã˩ tin˥, xo˥ p'ə˩ lo˧ ·ku kən˥

大　舞　龙　灯，　螺　丝　旋　顶，　火　炮　锣　鼓　更

kɔ˩ ȵiaʔ˩ liaʔ˩, ȵin˥ ia˥ kən˥ kɔ˩ tɕin˩ zən˥ faʔ˩ lɔʔ˩. i˩ kɔ˩

加　热　烈，　人　也　更　加　精　神　欢　乐。　一　家

tɕiaʔ˩ i˩ kɔ˩ kɔ˩ kɔ˩ tɕiaʔ˩ loŋ˥, mə˩ saʔ˩ çy˩ çiʔ˩, mə˩ saʔ˩

接　一　家　家　家　接　龙，　忘　煞　休　息，　忘　煞

sən˩ kən˩ pə˩ iɔ˩, tsoŋ˥ ȵin˥ tɤʔ˩ tə˥ ·tɤʔ sʅ˩ fə˩ çi˥, sʅ˩

深　更　半　夜，　众　人　得　到　的　是　欢　喜，　是

tɕiʔ˩ tɕ'in˩, sʅ˩ xo˥ tso˥ t'y˥: foŋ˩ t'iə˥ vi˥ sən˥, u˩ kuʔ˩ foŋ˩

吉　庆，　是　好　兆　头：　风　调　雨　顺，　五　谷　丰

tən˩, ȵin˥ tin˩ çin˩ vɔ˥, faʔ˩ sei˥ faʔ˩ kɔ˩, sən˩ t'i˥ tɕiã˥

登，　人　丁　兴　旺，　发　财　发　家，　身　体　健

k'ə˥, vã˥ sʅ˩ y˥ i˥. iʔ˩ ȵiã˥ y˥ iʔ˩ ȵiã˥, loŋ˥ ts'ən˩ ·lei vã˥

康，　万　事　如　意。　一　年　又　一　年，　农　村　里　玩

ts'ɤʔ˩ lie˩ loŋ˥ ·tɤʔ tɕin˩ zən˥, vã˥ ts'ɤʔ˩ min˥ tsɔʔ˩ vən˧ fɔ˩

出　了　龙　的　精　神，　玩　出　民　族　文　化

·tɤʔ tɕin˩ ts'ei˥.

的　精　彩。

参考文献

蒋冰冰 2003 《吴语宣州片方言音韵研究》，（上海）华东师范大学出版社

沈 明 2016 《安徽宣城（雁翅）方言》，（北京）中国社会科学出版社

张 林、谢留文 2010 《安徽铜陵吴语记略》，（北京）中国社会科学出版社

郑张尚芳 1986 皖南吴语的分区，《方言》第 1 期

中国社会科学院、澳大利亚人文科学院 1987 《中国语言地图集》，（香港）朗文出版（远东）有限公司

后　记

2008 年，本书的两位作者和语言所同事沈明、谢留文共同申请了中国社会科学院国情调研项目"徽语调查"，合作非常愉快，最终出版了 4 部调查报告——《安徽歙县（向杲）方言》（沈明）、《安徽歙县大谷运方言》（陈丽）、《安徽黄山汤口方言》（刘祥柏）和《江西浮梁（旧城）方言》（谢留文）。

"徽语调查"项目结束后，我们这个团队又申请并开启了另一个相关项目——"安徽吴语调查研究"。本书是"安徽吴语调查研究"中的一个点——泾县查济方言的调查报告。

本书两位作者共事多年，配合默契。有了上一次在徽语调查中的合作经验，这一次，对泾县查济和芜湖六郎方言的调查整理，我们选择了两人合作的模式。这样既可以在调查过程中互相启发互为补充，也可以在后期整理环节各取所长查漏补缺。

本书发音合作人是疏意有、查日东、查式源三位先生。2012 年 11 月，我们第一次赴查济调查，当时的发音人是疏意有、查日东先生。第一次时间较长，系统地调查并整理了查济方言的字汇、词汇。2013 年 8 月和 10 月我们又先后两次去查济补充调查并转写部分语料，这两次的发音合作人是查式源先生。疏意有先生曾经担任过查济村的书记，对农村生活非常熟悉；查日东先生曾行医数年，在中医方面造诣颇深；查式源先生能绘画、擅书法，文化底蕴深厚。三位先生都是非常理想的调查访谈对象，也给我们带来了许多超出调查字表、词表以外的收获和快乐。

查济这些年成了旅游热门地，游客众多。为了能有一个相对安静的工作环境，我们每次去调查都选择住在离查济村尚有一段距离的厚岸柳溪山庄。山庄僻静，条件简单却很舒适，非常适宜工作。饭菜极好吃，省去了出门觅食之苦，每次去，都会长胖不少。

查济是很美的村落，古朴、闲适。虽然我们每次去调查主要的时间都是在山庄工作，但每次也总会找工作的间隙去查济村里走走，像去拜访一个多年老友。村里的每条街巷我们都很熟悉，进大门不远处的早点铺子，肉丝干子浇头的面条，惹人垂涎；红楼桥边，任何季节去，总有学美术的学生在画画，一坐一整天。三三两两的学生与他们面前的画板、成形未成形的作品，构成了查济一道独特的风景；后山上有不少外地书画家盖的别墅，虽是后起的建筑，看起来却并不突兀，与整个山村的格调颇为融合。有一年盛夏时节去，到后山时突然大雨如注，就近躲到悦桂山庄前厅避雨、闲坐、喝茶、等雨停，体味了一番"偷得浮生半日闲"。傍晚雨停后下山，上山时的清浅小溪已经涨成浊浪，马上就要冲出河道了，查济变成了另一幅模样。也算是一次趣行。京福高铁现已通达泾县，去查济的人越来越多，不知古村的那种纯朴和野趣还能保存多久。

　　年岁渐长、俗务烦扰，这本书从立项出版到今天，又过去了一年多时间，谢谢责编张林女士对我们的宽容。

　　书中一定还有不少疏漏，敬请读者批评指正。

作　者

2017 年 4 月 16 日